인재 경영의 원칙

High Performance Business Strategy

인재 경영의 원칙

HIGH PERFORMANCE

압 아이겐휴이스, 롭 반 디크 지음 | 이준승, 김정민 옮김

BUSINESS STRATEGY

청림출판

한 그루의 나무가 모여 푸른 숲을 이루듯이
청림의 책들은 삶을 풍요롭게 합니다.

잘 나가는 기업에는 왕도가 있다

최근 몇 년 동안 삼일 PwC 컨설팅은 다양한 기업 혁신과 그 혁신을 주도할 인재 양성을 위해 많은 프로젝트를 수행해 왔다. 기업에서 혁신이 차지하는 지위는 매우 특별하다. 현재 기업이 당면하고 있는 변화의 속도는 매우 빨라서, 그에 대처하는 혁신의 방법과 수준에 따라 기업의 운명이 달라질 수 있다. 1등 하던 기업이 한순간 사라지기도 하고, 듣도 보도 못한 기업이 혜성처럼 등장해 새로운 판도를 만들기도 하는 것이다.

때문에 혁신은 기업 경영의 핵심 축으로 생존을 위한 선택이 아닌 필수 조건이 되었다. 그런데 이러한 혁신을 추진하기 위해서는 '인력 그 자체'와 '현장 실행력'이 무엇보다 필요하다. 우리가 최근 프로젝트를 통해서 절감한 것도 이것이다.

이 책에서도 보통의 성과를 내는 기업과 높은 성과를 내는 기업 사이에는 확연한 차이가 있다고 말한다. 즉 '인력 그 자체'와 기업의 전략에 대한 '현장 실행력'이 너무나 많이 다르다는 것이다.

실제로 높은 성과를 올리는 것은 모든 기업들의 로망이라 할 수 있다. 그야말로 '꿈★은 이루어진다'는데, 아무리 노력해도 로망이 이루어지지 않는 까닭은 뭘까? 도대체 되는 기업과 안 되는 기업은 뭐가 다른 걸까? 정답은 바로 '인력을 어떻게 움직이게 할 것인가?' 하는 고민의 깊이 속에 감춰져 있다.

우리가 알고 있다시피 대다수 기업들이 고민을 통해 얻은 답은 비슷하다. '전략의 변경', '인력의 성과 평가 및 인센티브 제도의 변화', '프로세스의 시스템화', '조직의 개편' 등 이런 부분에 집중된 노력들이 소기의 성과를 거둔 것은 사실이지만, '인재의 성장'에 기반하고, '현장에서의 실행력'을 높이는 데는 한계가 있는 것도 사실이다. 더욱이 최근 주목했던 기업들 중에서 고객으로부터 지속적으로 사랑받으면서 성장하고 있는 기업들, 특히 최근 전 세계적인 금융 위기에도 꿈쩍하지 않고 성장하는 기업들의 특징을 살펴보면 회사의 고유한 정체성을 바탕으로 '그 회사스러움'을 기업 내의 인재들이 체화해 실천하고 있었다.

이런 의미에서 이 책은 지금까지 인재 경영 부문에서 인재에 기반하여 현장의 실행력을 높이는 방법에 천착해 온 SEP 팀에 매우 유익했다. 즉 '기업 전반에서 높은 성과를 어떻게 창출할 것인지'에 관한 폭넓고 실용적인 접근 방법을 제시해 주었던 것이다. 인상적인 대목 하나를 소개해 보겠다.

"세계 경제는 급속도로 변하고 있다. 현재 중요하게 여기는 기술도 10년, 20년 뒤에는 무가치해질 수 있다. 기술이 중요하다고는 하지만, 이는 학습을 통해 충분히 습득할 수 있다. 결국 성공적인 기업이 되기 위해서는 생각이 깊고, 팀워크 능력이 뛰어나며, 성숙하고 감성적인 사고력과 함께 독창적인 능력을 지닌 인재들을 찾아 보유해야 할 것이다.”

역자들이 몸담고 있는 SEP 팀이 줄곧 주장해 온 바도 이 대목과 다르지 않다. 기업이 높은 성과를 올리기 위해서는 ‘인재와 현장의 실천력’에 중점을 두어야 한다는 것이다. 이것은 IMF 이후 10년 만에 다시 찾아온 금융 위기를 헤쳐가고 있는 우리 기업들한테 꼭 들려주고 싶은 메시지이다. 이 책을 우리말로 옮기자고 결심한 이유도 바로 여기에 있다. 발등에 떨어진 불과도 같은 위기와 싸우느라 당장은 여유가 없을지라도, 미래의 승자가 되려면 반드시 인재와 현장의 실천력이라는 우물을 깊게 파야 한다는 사실을 기억해 주었으면 좋겠다.

무척 어려운 시기임에도 SEP 팀과의 프로젝트를 통해 인재를 양성하고, 현장의 실행력을 강화하기 위한 노력을 아끼지 않은 기업들이 적지 않다. 감사한 일이다. 그런 감사의 마음을 확장시켜 우리 기업들한테 되돌려 드리고자 하는 고민과 노력의 결과가 이 책으로 묶여져 나왔음을 밝힌다.

책의 발간과 관련해서 고마운 분들이 많다. 바쁜 가운데에서도 짬을 내서 번역 및 프로젝트 사례를 정리해 주신 삼일 PwC 컨설팅 SEP 팀의 노두현 시니어 매니저, 이인홍 시니어 매니저, 김대진 매니저, 박선규 매니저, 조영래 시니어 어소시에이트, 김주란 시니어 어소시에이트, 이혜경 컨설턴트, 송지선 컨설턴트, 강민지 컨설턴트, 김소영 컨설턴트, 임정환 컨설턴트, 최정민 리서치 애널리스트에게 감사드린다.

또한 SEP 팀의 방향성에 깊이 있는 조언을 아끼지 않으시는 삼일

PwC의 안경태 회장님, 장경준 대표님, 윤재봉 대표님, 김의형 부대표님, SEP 팀의 실질적 후원자이신 김중식 전무님과 이준승 상무님께도 감사를 전한다.

그리고 이 책을 세상에 나올 수 있게 해주신 청림출판사 여러분께도 감사의 말씀을 드린다.

삼일 PwC 컨설팅 SEP 팀

김정민 이사

4장 인재 경영의 미래

1장

인재경영은 최고의 비즈니스 전략

HIGH PERFORMANCE
BUSINESS STRATEGY

인재 경영은 최고의 비즈니스 전략

당신이 일하는 회사가 제품의 품질과 서비스가 뛰어날 뿐더러, 재무 성과 또한 우수한데도 불구하고 앞으로 더욱 발전하기 위해서 경영 개선을 꾀하고 있지는 않은가? 또한 사람들이 일하고 싶어하는 기업, 사회적으로 존경받는 기업으로 변하기 위해 노력하고 있지는 않은가? 그리고 당신의 회사와 관련된 모든 사람들이 만족스럽고 안정적인 고성과 경영 전략을 원하지는 않는가? 그렇다면 문제는 '어떻게'이다. 어떻게 해야 꾀하는 대로, 노력하는 대로, 원하는 대로 될 수 있을까?

이 책은 그런 물음에 대해 직접적이고 쓸모 있는 답, 즉 당신이 일하는 회사에서 곧바로 써먹을 수 있을 만한 해결책들을 소개하고 있다. 소개하는 내용들은 대부분 우리가 손수 만든 체크리스트와 경험으로 얻은 지식들이다. 특히 체크리스트에 포함된 주요 요소들은 여러 분야의 많은 회사들에서 크게 효력을 발휘해 왔다. 한마디로 검증되었으니 믿어도 좋다는 얘기다. 이는 최근의 한 연구 조사에서도 확실히 입증된 바 있다. 높은 성과를 내는 기업과 평범한 기업을 가르는 중요한 차이점이 체크리스트에서 다루는 내용과 동일하다는 결과가 나온 것이다. 그 대부분의 내용들은 '인재 경영'이라는 개념과 결부되어 있다.

대다수 비즈니스 리더들이 '사람'이라는 요소의 중요성을 인지하고 있다. 하지만 높은 성과를 내는 경영 전략에 인재 경영을 효율적으로 사용하는 리더들은 많지 않다.

인재 경영에서 우선순위를 정할 때, 경영 전략과 조직 및 사람 사이의 긴밀한 관계를 이해하지 못하는 리더는 높은 성과를 내는 조직을 제대로 이끌어갈 수가 없다. 또한 각 부서에 대한 인재관리 어젠다를 설정할 때, HRhuman resource의 기능을 유일한 수단으로 설정하는 인재관리 담당자 역시 그 조직이 높은 성과를 내게끔 유도하지는 못할 것이다.

따라서 기업 본연의 핵심 역량에 집중하면서 동시에 미래 성장 동력과 발전 능력을 키우려면 CEO와 인재관리자 사이에 능동적인 협조가 반드시 필요하다. 인재관리 어젠다에 대한 전반적인 이해와 공통된 시각을 공유하는 일은 성공적인 조직을 만드는 비결이라 할 수 있다.

오늘날 비즈니스 환경은 급격하게 변하고 있다. 때문에 그런 변화

에 빠르게 대응할 수 있는 능력이 기업의 필수적인 전략 항목으로
자리 잡아가는 추세이다. 같은 맥락에서 보자면, 무엇이 필요한지를
명확하게 파악해서 빨리 반영하는 것 역시 인재 경영에 있어 필수불
가결하다고 하겠다.

높은 성과를 올리는 회사의 경우, 그 구성원들이 대체로 강한 책
임감과 효율적인 일처리 방식을 습성처럼 몸에 익히고 있다. 그런
인재들의 힘과 능력의 총체로서 그 회사의 사업 추진 마인드와 의지
는 다른 일반 회사와 비교해 매우 강하고 확실한 것을 볼 수 있다.

눈부신 성과를 내는 기업의 비밀

높은 성과를 달성할 수 있는 방법을 좀 더 실용적이고 효과적으로
숙지할 수 있는 길이 있다. 바로 주요 이해관계자들과의 새로운 비
즈니스 인재 경영 어젠다에 기초한 체크리스트를 활용하는 것이다.
체크리스트는 CEO를 비롯한 기타 경영진들과 확실하게 의사 소통
을 하고, 경영 전략 차원에서 경영진의 기대가 이루어질 수 있도록
도와준다. 그리고 인재 경영은 새로운 통찰력을 더하고 추진 과제를
해결하는 데 도움을 준다.

'뉴 비즈니스 인재 경영 어젠다'로 명명된 체크리스트는 세계적
인 기업 유니레버Unilever의 아이스크림 글로벌 사업 본부에서 만들
어냈다. 이 본부의 리더십 팀은 전 세계적으로 40여 개나 되는 유니
레버의 아이스크림 사업부서를 정기적으로 방문했다. 그 과정에서
이 팀은 각 조직의 활동 방식을 이해하고 성과를 개선하기 위해서는

무엇이 선행되어야 하는지 빠르게 알아낼 수 있는 도구가 필요하다는 걸 깨달았다.

이 도구는 전반적인 사항과 프로세스를 파악할 수 있어야 하며, 사람과 조직을 동시에 주안점으로 삼는 것이어야 했다. 각각의 팀 구성원은 각자의 입장에서 어떤 문제들이 선결되어야 하는지 그 대답들을 나열하기 시작했다. 작성을 끝내고 비교해 본 결과, 공통된 부분들을 취합해서 4가지 논제를 중심으로 한 첫 번째 버전의 체크리스트를 만들 수 있었다.

- 조직에 알맞은 리더가 존재하는가?
- 일관된 기준에 따른 전략적 과제의 우선순위가 명확하게 정의되어 있는가?
- 조직이 과제를 우선순위대로 수행하기 쉽도록 HR 측면의 제도가 갖추어져 있는가?
- 사업부에 성공했던 성과나 성공하고자 하는 기질이 존재하는가?

그들은 다음 방문 때부터 이 체크리스트를 적용하기 시작했고, 그때마다 내용을 변경하고 추가하는 등 계속 업데이트했다. 몇몇 사업부에서는 이 체크리스트를 자체 평가를 위해 사용하고, 자기들이 작성한 체크리스트를 아이스크림 글로벌 본부에서 작성한 것과 비교하기도 했다. 또한 글로벌 인재 경영 팀에서는 이 자료들을 취합한 다음 공통적으로 적용될 개념적인 부분을 정리해서 제공했다.

그리고 《성공하는 기업들의 8가지 습관》의 저자 짐 콜린스와 프레젠테이션을 한 이후, 약간의 새 이슈들을 포함한 체크리스트를 만들었다. 이는 HR 기획 프로세스의 일부가 되었는데, 이를 아이스크림 사업의 우선순위를 결정하는 데 사용하도록 했다.

한편 영국의 헤이그룹Hay Group은 조직 전반에 적용할 목적으로 좀 더 포괄적인 내용의 체크리스트를 만들었다. 헤이그룹은 유럽연합고객회의에서 업데이트된 체크리스트를 처음 선보였다. 이 체크리스트는 오스트리아, 터키, 스페인, 슬로베니아를 포함한 여러 나라에서 몇 번의 시연을 거치는 동안, 더 업데이트되고 유효하게 쓰이기 시작했다.

헤이그룹의 체크리스트가 무엇보다 중요한 점은 인터넷을 사용했다는 점이다. 인터넷 웹 버전의 체크리스트는 유럽의 여러 나라들에서 큰 규모의 회의 때에 이용을 했다. 그래서 문화적 배경이 다른 곳에서도 적용이 가능한지에 대한 타당성 역시 검증해 볼 수 있었다.

우리는 다른 지역에서 사용되던 체크리스트들을 모으기 시작했다. 그리고 바르셀로나에서 열린 헤이그룹의 고객회의에서 우리가 발견한 점들을 발표했고, 더 많은 피드백을 얻을 수 있었다.

몇 차례의 발표와 회의를 통해 우리는 체크리스트에 이론적인 틀을 접목해야 한다는 의견에 동의했다. 여러 모델들을 적용하여 가장 처음 원했던 부분을 성공적으로 해결할 만한 결과를 얻을 수 있도록 접목했다. 체크리스트 항목들을 모아 몇몇의 그룹으로 만들어 분류시킨 것이 바로 그 접목 작업이었다.

이를테면 4C 모델로 불리는 명료함Clarity, 이행 능력Capabilities, 의무·책임Commitment, 문화Culture의 항목별로 체크리스트를 정리하는 것이었다. 또한 조직의 효율성Organization Effectiveness, 구성원의 업무 능력Quality of People, 성과 관리Performance Management, 문화적 발전Culture

Development의 4가지 모델도 사용할 수 있도록 했다.

그러나 이러한 모델의 사용은 자칫하면 오히려 그룹을 추상적이거나 너무 포괄적으로 만들어 체크리스트 하나하나의 명료성을 떨어뜨리고 이론적 배경에만 치중하게 되는 오류를 범할 수도 있었다.

그래서 우리는 체크리스트 항목 자체와 배경 질문, 9개의 주제에 대한 설명에 주안점을 두기로 했다. 또한 좀 더 실용적인 묘사와 설명을 사용하려고 애썼고, 체크리스트가 실용적이면서 전반적인 관점을 아우르고 최대한의 가치를 창출할 수 있도록 구성했다.

세상에서 가장 존경받는 회사의 조건

해마다 〈포천Fortune〉지에서는 '세계에서 가장 존경받는 회사'를 발표하고 있다. 이때 선정된 회사들은 고성과 경영을 위해 계속해서 노력하고 있다. 특히 흥미로운 사실은 사회적으로 존경받는 회사를 만드는 데 반드시 필요한 요소들은 우리의 체크리스트에서도 찾을 수 있다는 점이다.

〈포천〉지의 '세계에서 가장 존경받는 회사'에 대한 설문 조사는 다양한 회사의 임원진 1만 6,000명을 대상으로 실시되고 있으며, 산업 분야별로 가장 높은 인지도를 얻은 회사에 대한 재무분석가들의 전문 지식을 바탕으로 이루어진다.

전체 산업별 순위를 정하기 위해 〈포천〉지에서 사용했던 9개의 요소는 다음과 같다.

1. 상품 혹은 서비스의 품질
2. 회사 자산의 효율적인 운용
3. 자본 건전성
4. 장기적인 투자가치
5. 유능한 인력 확보
6. 경영의 질
7. 커뮤니티와 환경에 대한 사회적 책임감
8. 효율적 글로벌 경영
9. 혁신성

앞의 4개 항목은 기업이 제공하는 상품과 서비스의 품질, 그리고 재정적 성과를 어느 정도 달성하느냐에 관한 것으로, 이는 경영의 직접적 성과를 통해 나타난다고 할 수 있다. 기업이 제공하는 제품과 서비스가 열등하거나, 재정적 성과가 낮은 기업이 '세계에서 가장 존경받는 회사'로 선정되지 못하는 것은 어쩌면 당연한 일일 것이다.

이 책에서는 '사람'이라는 요소에 초점을 맞춘 경영에 주안점을 두었다. 따라서 위의 9개 요소 중 5개 항목(5~9)이 바로 우리가 주안점을 둔 부분이기도 하다. 즉 이 5개 항목들이 '세계에서 가장 존경받는 회사', 높은 성과를 거두는 회사를 만드는 데 상당 부분을 차지하고 있다. 또한 이 항목들은 '인재 경영을 위한 체크리스트 사용법'에서 모두 다룰 뿐 아니라, 체크리스트는 관련성이 높은 우수 사례들과 더불어 좀 더 심층적이고 광범위한 차원까지 다루고 있다. 덧붙여 체크리스트는 뉴 비즈니스 인재 경영 어젠다 및 추진과제 우선순위를 설정할 때 거시적인 차원에서 접근할 수 있도록 도와준다.

카피할 수 없는 기술, 인재

인재 경영의 우수 사례를 보면, 높은 평가를 받는 기업들은 인재 개발에 대한 책임을 HR의 범위에만 제한하지 않고, 전 부서의 관리자들에게 R&R을 확장시키고 있다. 이런 기업의 관리자들은 다른 관리자들보다 훨씬 능동적이고 실전에 강한 인재를 육성하고 관리한다. 또한 이들은 인재를 최고의 기량으로 관리하는 방법들을 강구하는 데 더 많은 시간을 할애한다.

사실 인재 경영에서 우리가 강조하고 싶은 점은 바로 핵심 리더의 역할이다. 이는 어느 누구도 대신해 줄 수가 없다. 즉 각 부서의 관리자들은 핵심 인재 발굴에 꾸준히 관심을 가지고 사람들과 접촉을 하는 등 핵심 리더로서 실질적인 행동을 취해야 한다.

짐 콜린스는 그의 연구에서 기업의 장기적 성공에 필요한 요소들 중 인재의 중요성을 언급하며, 제품이나 사업 모델과 같은 요소들은 타기업이 쉽게 도용할 수 있지만, 인재를 보유하는 것은 아무도 따라 할 수 없다는 사실을 강조한다.

고성과 경영 전략을 지향하는 기업들은 인재를 다룰 때 전통적인 방식을 고수하는 관리자보다는 다양한 기회를 제공하고 현명하게 대처할 수 있는 관리자가 필요하다는 사실을 대부분 알고 있다.

하지만 여기서 무엇보다 중요한 것은 '실천'이다. GE의 CEO이자 회장이었던 잭 웰치Jack Welch가 2001년 은퇴하고, 제프리 이멜트 Jeffrey Immelt가 성공적으로 CEO에 취임했던 일을 기억하는가? 이미 1994년 초, 제프리 이멜트는 웰치의 뒤를 이을 24명의 명단에 들어 갔다. 이 명단은 1997년이 되면서 여덟 명으로, 2000년이 되면서는 세 명으로 압축되었고, 2000년 말이 되자 이멜트가 CEO로 지명되 었다. 2001년 9월, 웰치가 퇴임을 한 뒤 세 명의 후보 가운데 가장 젊 었던 이멜트가 CEO직을 맡게 된 것이다.

지금 당장 회사 안에서 경영진을 대신할 걸출한 인재 세 명을 보유 하고 있는 회사는 많지 않을 것이다. 보통 높은 성과를 내는 기업은 다른 기업보다 높은 성장을 이룰 수 있는 잠재력을 갖추고 있으며, 현 임직원에 대한 강한 신뢰를 갖고 있다. 높은 자긍심을 가진 이들 은 미래에 대한 준비로 벤치의 힘(중요한 포스트를 잇는 양적·질적 잠재 후보군의 풍부함을 뜻한다 ─ 역주)을 개발, 발전시킨다. 반면 외부에서 인재를 끌어와 경영진에 참여시키는 것은 이사회 전체에 혼란을 가 져올 뿐 아니라 재정, 문화, 심리적 비용 역시 높게 치러야 한다.

일반적으로 근래에 들어서는 기업들이 '수평' 구조로 옮겨가는 추세지만, 실제로 자리에 딱 맞는 사람을 고용하는 일이나 이를 위 한 파격적인 승진은 아직 시기상조인 것처럼 보인다. 사실 수평적인 조직일수록 역할에 대한 필요 조건이 변하고, 그에 대한 '수평적 관 리'가 요구된다. 따라서 적절하고 현명한 인재관리가 몇 년 전보다 훨씬 중요해졌다.

세계 경제는 급속도로 변하고 있다. 현재 중요하게 여기는 기술도 10년, 20년 뒤에는 무가치해질 수 있다. 기술이 중요하다고는 하지

만, 이는 학습을 통해 충분히 습득할 수 있다. 결국 성공적인 기업이
되기 위해서는 생각이 깊고, 팀워크 능력이 뛰어나며, 성숙하고 감
성적인 사고력과 함께 독창적인 능력을 지닌 인재들을 찾아 보유해
야 할 것이다.

인재를
가려내는 방법

인재 경영을 위한 체크리스트는 인재와 관련된 이슈에 중점을 두고 인재 경영에서 가장 필요한 것이 무엇인지를 밝히는 데 도움을 주는 지표이다.

앞에서 언급한 것처럼 체크리스트는 유니레버의 아이스크림 글로벌 사업 본부 리더십 팀에서 세계의 각 사업부에 빠르게 접속할 수 있는 운영 도구와 개선의 기회를 찾고 있던 중에 탄생했다. 체크리스트의 강점은 포괄적인 차원에서 뉴 비즈니스 인재 경영 어젠다를 설정하는 데 필요한 요소들을 포함한다는 사실이다. 이 체크리스트에는 우리가 다양한 자료와 조사를 바탕으로 수년에 걸쳐서 얻은 광대한 지식과 노하우가 함축되어 있다.

또한 실용적인 통찰력, 그리고 최근 개발 중인 이론적 부분들을 포괄적인 관점에서 접근한다는 것도 괄목할 만한 일이다. 시중에 많이 나와 있는 경영 관련 서적들이 훌륭한 통찰력과 유용한 지식을 소개하고 있지만, 특정 분야에 한정된 경우가 많다. 그리고 전문적이기는 하지만, 현장에 적용하기에는 유연성이 떨어지거나 협소한 시각 때문에 제약이 따르는 경우가 많다. 여기에 착안하여 이 책은 '협소한 시각'을 지양하면서 특정 분야를 아우르는 지식과 통찰력을 함축적으로 담고 있다. 또한 경영을 '사람'이라는 측면에서 보았을 때 필요한 것이 무엇인지 큰 그림으로 파악하고 있다. 이것이 다른 책과 구별되는 이 책만의 특성이다.

포괄적인 시각에서 각종 직관력과 최근 개발된 방법들로 이루어진 하나의 체크리스트는 조직에 속한 우리가 과연 할 일이 무엇인지 효과적으로 판단할 수 있게 도와줄 것이다. 아울러 현장에서 통용되는 비즈니스 언어를 체크리스트에 채택함으로써 인재 경영이 가치를 창출할 수 있도록 했다.

체크리스트의 9가지 주제는 다음과 같다.

주제 1 – 인재를 끌어당기는 리더십
주제 2 – 이기는 팀을 구축하라
주제 3 – 비전과 가치를 공유하라
주제 4 – 전략적인 틀을 마련하라
주제 5 – 조직 운영은 체계적이고 간소하게

주제 6 – 최고의 수행 능력을 갖춘 팀으로 만들어라
주제 7 – 성공을 위한 계발법으로 코칭을 활용하라
주제 8 – 성공하는 조직의 분위기는 이렇게 만든다
주제 9 – 결과와 보상의 전달

또한 체크리스트의 질문들로 시작하는 주제들은 뒤에서 하나씩 소개되며, 각 주제에는 우리가 집약한 지식과 노하우가 요약되어 있다. 그리고 인재 경영 분야에서는 최근의 연구와 조사에서 밝혀진 요점과 실용적인 예시문들을 제시한다.

어떻게 활용할 것인가

인재 경영을 위한 체크리스트는 다양한 방법으로 사용될 수 있으나 개별 기업의 상황에 맞게 적용하기를 바란다. 실제로 현장에서 사용할 수 있는 실용적인 방법도 몇 가지 있으니 활용하기 바란다. 체크리스트는 조직의 핵심 구성원과 나누는 대화에 쓰이면 더욱 좋다. 9가지 주제에 대해 상위 수준에서 인재 경영의 전략적 요점을 밝히기 위해서나 정의된 각 인재 경영의 주요 전략들을 보다 특성 있고 깊이 있게 분석하기 위해 사용하면 좋다.

각각의 접근 방식에 대해서는 좀 더 이해하기 쉽게 제공할 것이다. 그리고 9가지 주제의 체크리스트들을 구성하고 있는 세부 질문들은 우리가 과연 무엇을 해야 하는지에 대한 명쾌한 가이드라인을 제공해 줄 것이다.

모든 질문들에 긍정적으로 대답할 수 있는 조직은 특별한 경우일 테고, 대부분의 경우에는 각 주제당 적어도 두세 개 이상의 질문에 대해 더 깊은 생각과 토론을 해야 할 것이다. 또한 체크리스트를 조직에 적용할 때 '정답'이란 없으므로 직원들끼리 적극적인 커뮤니케이션을 하기를 바란다.

인재 경영을 위한 우선순위를 정하라

이 9가지 주제는 성공적인 조직에 필요한 것이 과연 무엇인지를 알기 위해 구성되었다. 이는 성공적인 조직으로서 잠재력을 갖기 위한 방향을 제시한다. 그러므로 인재 경영이 이 모든 내용을 포함할 필요는 없다. 대부분 조직에서는 인재관리 부서가 전담하고 있지만 말이다.

경험적으로 볼 때, 이사회에서 행해지는 인재 경영 어젠다와 관련된 토의는 주로 세부적이고 한정된 인재 경영 주제에서 출발한다. 마케팅이나 공급망에 관련된 이슈에 대해 잘 알고 있는 임원은 많지 않겠지만, '사람'이라는 이슈에 대해 잘 모르는 사람은 거의 없을 것이다.

따라서 조직의 인재 경영에서 무엇을 해야 하고, 무엇이 필요한지에 대한 논의가 이루지는 것은 그리 어려운 일이 아니다.

그러나 때로는 심층적 차원에서 이해가 필요한 경우도 있다. 9가지 주제로 나눈 체크리스트들의 우선순위를 매겨보는 것은 이러한 심층적 차원의 논의나 주제에 대한 토의가 원활하게 이뤄지도록 도와줄 것이다.

각각의 조직에는 각자 다른 발전 단계와 우선순위가 존재한다. 그렇기 때문에 현재 자신이 속한 조직의 위치를 아는 것은 어떤 방향으로 노력해야 하는지를 결정하는 데 큰 도움이 될 것이다. 각 조직에 알맞은 인재 경영 어젠다의 우선순위 결정은 빠르면 빠를수록 훨씬 상세한 활동 단계의 계획에까지 영향을 줄 수 있다.

유니레버 아이스크림 글로벌 사업 본부의 리더십 팀은 이 체크리스트를 통해 전 세계 40여 개의 사업부를 관리했다. 접근이 쉬운 재무 자료를 바탕으로 각 사업부의 운영 결과는 비교적 쉽게 평가할 수 있었다. 그러나 인재 경영에 대해서는 거대 조직에서 다루기가 쉽지 않았고, 그래서 쉽게 평가하고 관리할 수 있는 도구가 필요하다는 걸 절감했다. 결국 체크리스트도 이러한 필요에 의해 만들어졌다.

몇 개의 사업부를 방문한 리더십 팀의 구성원들은 9가지의 주제에 대해 각자 최고 5점에서부터 최소 1점으로 점수를 매겨보았다. 그리고 자료들을 취합, 정리한 뒤 팀에게 피드백을 전달하는 형식으로 진행했다. 모든 사업부에 대한 자료들이 개괄적으로 작성되기까지는 1년, 또는 그 이상이 걸렸다.

평가는 점차 쌍방향으로 전개되었다. 멕시코 사업부를 예로 들면, 이사회 임원들이 각자 체크리스트를 1~5점으로 평가한 뒤 이를 모아서 비교했다. 글로벌 리더십 팀에서도 같은 평가를 하고 비교했다. 대부분은 공통된 점이 많았지만, 두 가지 분야에서는 달랐다. 그것을 놓고 멕시코 사업부는 추가로 토론을 했다.

9가지의 주제에서 선택한 단어와 표현, 그리고 '핵심 전략'이라는 개념은 그 의미를 가장 잘 반영하는 것들이라고 할 수 있다. 대부분의 조직에서는 그들만이 사용하는 각자의 어휘와 표현이 존재한다. 적당한 단어와 표현을 찾는 데 많은 시간과 노력이 들어서는 안 되겠지만, 그렇다고 간과해서도 안 된다. '핵심 전략'이라는 표현에 대한 토의는 다양한 팀 구성원들의 마음 깊은 곳에서 원하는 바가 무엇인지 알 수 있도록 도와줄 것이다.

인재를 찾기 위한 심층 질문

첫 번째 단계가 끝나면, 그 다음 단계는 각각 정의된 핵심 전략에 대한 주요 전략과 활동을 정의하는 일이다.

이 단계에서는 관련된 각 질문에 대한 답을 하기 전에 깊이 숙고해 볼 것을 권한다.

이를테면 약간 민감한 명제인 '공유하고 있는 비전과 가치'에 대한 대답을 작성한다고 가정해 보자. 이에 대해 당신은 체크리스트의 해당 주제에 담긴 4개 질문에 모두 '예'라고 대답했다. 그러나 체크리스트 조사 결과를 얼마나 효과적으로 활용하고 있는가에 대한 질문에 대해서는 '아니오'라고 대답했을 수도 있다. 이처럼 이 조사를 어떻게 사용할지에 대한 방안을 먼저 토의하는 것이 오차를 줄일 수 있는 비결이다.

실제로 대답이 긍정적이든 부정적이든 크게 상관이 없다. 중요한 것은 조사 결과를 지속적으로 연구, 보완하여 해당 조직에 가장 바람직한 적용 방안을 찾고, 업데이트해 나가야 한다는 것이다.

인재 경영의
어젠다와 전략

성공적인 조직을 만들기 위해서는 무엇보다 비즈니스 인재 경영 어젠다에 대한 일관된 시각이 필요하다. 현대는 모든 공공 분야와 기업의 환경이 빠르게 변하고 있다. 따라서 이에 적응할 수 있는 능력을 갖추는 것이 전략적으로 중요하다. 특히 조직을 구성하는 '사람'이라는 요소에 무엇이 선행되어야 하는지를 명확히 정의하는 것은 필수적이다. 비즈니스 인재 경영 어젠다와 업무의 우선순위 및 그 효과를 정의하고 업데이트하는 것은 어느 조직이든 빠른 변화의 흐름 속에서 조직의 올바른 방향을 설정하고 효율적으로 성과를 달성하는 데 중요한 역할을 할 것이다.

성공 비즈니스를 위한 인재 경영

일부 조직에서는 '비즈니스'라는 단어를 잘못 해석하기도 한다. 보통 인재 경영 어젠다를 다룰 때 '비즈니스'라고 하면 이익을 추구하는 집단, 즉 기업에서만 사용되는 개념으로 생각한다.

그러나 여기서의 '비즈니스'는 단순히 기업의 의미를 넘어선 광범위한 조직(공공기관, 정부, NGO 등)에 모두 적용되는 넓은 개념이다. 또한 어떤 유형의 조직도 예외를 두지 않는다. 특히 비영리조직도 점차 그들 조직의 운영과 성과 달성에 '비즈니스'적인 규정 및 요건들이 필요하다는 인식이 확산되고 있다. 이러한 맥락에서 우리는 '뉴 비즈니스 인재 경영 어젠다'를 기업은 물론, 비영리단체들까지도 포괄할 수 있는 넓은 의미의 조직에 사용하고자 한다.

일반적으로 인재 경영 전략 수립과 그 실행 계획에 대한 분석을 할 때 "우리가 속한 비즈니스는 무엇이며, 성공을 위한 필수 요소는 무엇인가?"라는 질문부터 시작한다. 현재의 인재 경영 관련 임원들은 과거 어느 때보다 충실하게 경영 전략을 이해하고 있다. 이에 더해 그들은 비즈니스가 어떻게 이루어지는지, 성공을 위해 필요한 주요 동인은 무엇인지, 어떤 조직 능력이 요구되며, 그런 능력이 갖추어져 있는지를 알아야 한다. 아울러 비즈니스 변화가 감지되었을 때 가장 빠르게 인재와 관련된 요소에 필요한 조치들을 취할 수 있도록 최선봉의 위치에 있어야 한다.

인재 경영의 이러한 측면은 조직을 다시 짜거나 일부 사업 부문을 중단하는 의사 결정만큼 중요하다. 앞장에서 살펴보았듯이, 경영진과 인재 경영 관리 임원들 사이에는 자연스러운 협력 관계가 형성되어 있다. 이를 통해 이미 활용 중인 성공적인 비즈니스 핵심 요소들은 유지하고, 실패한 요소들은 제거함으로써 미래의 성장과 성공을 위한 역량을 확보할 수 있는 이상적인 구조를 유지하는 것이다.

인재 경영이 조직에서 어떻게 부가가치를 높일 수 있을지에 대한 뉴 비즈니스 인재 경영 어젠다를 정의하는 것은 조직의 재구성, 재편성보다 선행되어야 하는 중요한 업무이다. 그러나 전략적 차원의 인재 경영에 많은 노력과 시간을 투입하기 힘든 조직들에 체크리스트는 이를 타개시킬 수 있는 방법을 제공한다.

1990년대 많은 인재 경영 관리자들은 이러한 제안과 생각에 많은 찬사를 보냈다. 그런데도 그 수준은 기대에 못 미쳤다. 그래서 가시적인 결과를 가져올 수 있는 새로운 방법과 아이디어 개발이 필요한 상황이었다. 체크리스트도 바로 이러한 면을 만족시켜 줄 수 있는 중요한 도구 중 하나다.

그럼 다시 원점으로 돌아가 "우리가 속해 있는 비즈니스는 무엇이며, 성공을 위한 필수 요소는 무엇인가?"라는 기본적인 질문에 대해 생각해 보자. 보통 이런 질문에 대한 답은 간단명료할 것이라고 생각한다. 하지만 실제로 국제 비즈니스에 종사하는 약 40여 명의 사람들에게 이런 질문을 던졌을 때, 예상했던 것보다 매우 간단한 대답을 했을 뿐 원하는 대답은 쉽게 나오지 않았다. 이러한 일들이 많은 조직들에서 발견된다는 사실은 분명 해당 조직들의 잘못이다. 어쨌든 이에 대한 대답은 인재 경영 계획에 대한 동의를 이끌어내는 데 필수불가결한 전제가 된다.

당신의 조직은 어떤 비즈니스에 속해 있으며, 성공을 위한 필수요소는 무엇인가?

당신이 전 세계에 40여 개의 체인망을 가지고 아이스크림 사업을 하고 있다고 가정해 보자. 아마도 당신은 자신의 조직이 글로벌 브랜드 전략에 대해 잘 이해하고 있기를 바랄 것이다. 매그넘 아이스크림이라는 브랜드는 전 세계에 통일되고 일관된 이미지로 인식되어야 한다. 하지만 이를 위해 개별 지역에 추가로 투자를 하기에는 자금 여력이 부족하다. 그런데도 잘 통제된 조직을 원하는 것이다.

반면에 당신은 개별 체인들이 자체적으로 손익 회계를 할 뿐 아니라, 자율적으로 그 지역에 맞는 브랜드를 운영하기를 바라기도 할 것이다. 또한 각 지역의 운영자들이 자신감을 가지고 현실에 맞는 계획을 수립하고 실행하며, 또한 빠르게 대응하기를 기대할 게 틀림없다. 특히 성수기인 여름에는 매그넘 아이스크림이 수요의 변화에 발 빠르게 대응하여 최상의 가치를 창출할 수 있기를 원하리라 본다.

이번에는 비즈니스 전략이 명확히 설정되어 있는 경우를 가정해 보자. 당신은 각 체인의 운영자들이 요청한 제안이나 계획들을 빠른 시일 안에 승인해 주고 싶을 것이다. 또한 브랜드 이미지는 잘 통제하되, 지역 운영 골격은 자율적이고 단순하게 유지하기를 바랄 게 분명하다. 즉 개별 지역의 운영자들은 자신감을 가지고 지역 내 전략과 계획을 세우고, 당신은 빠른 속도로 의사 결정을 내리는 것이다.

이는 당신의 조직에 필요한 인재 경영 활동들과 그 우선순위에 대한 선택을 암시하고 있다. 조직에서 성공을 위한 필수 요소가 무엇인지를 찾아내는 일은 적합한 인재들을 끌어들이고, 채용하는 데 매우 중요하다. 발 빠른 대응과 의사 결정이 필요한 조직 환경에서 경영자는 조직에 맞는 조건을 제공할 수 있어야 한다.

의사 결정의 속도와 관련해서, 도요타의 한 동료와 흥미로운 이야기를 나눈 적이 있다. 그에 따르면, 도요타는 무조건 빠른 의사 결정을 목표로 삼고 있지는 않다. 그들은 전략적으로 수행해야 할 일에 대해서는 충분한 시간을 써가면서 합의에 이르고, 결정된 이후에는 빠르게 실행한다. 도요타는 단순히 빠른 것은 의사 결정의 질적인 측면을 증진시키기기는커녕 교정할 수 있는 가능성마저 위험에 빠뜨릴 수 있다는 시각을 가지고 있다.

이를 통해서도 역시 인재 경영 활동 및 그 우선순위의 선택과 관련된 도요타의 특징을 알 수 있다. 도요타는 그들이 생각하는 가장 올바르고 효과적인 방식으로 자동차를 생산할 수 있도록 직원들을 교육시키는 데 엄청난 액수의 투자도 감행하는 조직인 것이다.

체크리스트는 개별 조직의 특징과 필수 성공 요소에 따라 대응하도록 하며, 아울러 인재 경영을 할 때 어디에 자원과 노력을 집중해야 하는지 알려준다. 각각에 대한 답변은 다를 수 있지만, 결국 이 대답은 합의된 뉴 비즈니스 인재 경영 어젠다와 관련된 논의로부터 논리적으로 전개될 것이다.

우리 회사만의 인재 경영법을 수립하라

여러 조직들은 각자의 인재 경영 전략 달성에서 각각 다른 방법을 사용한다. 인재 경영 전략을 수립할 때 정형화된 방법을 쓰기보다는 광범위한 비즈니스 계획이나 실행 계획 등의 차원에서 더 큰 효과를 거두기 위해 자신만의 방법을 쓰는 조직도 있다.

이를테면 노키아에서는 인재 경영 전략을 수립할 때 성격에 따라 확실하게 구분을 한다. 전사적 차원의 조직 전략과, 인재 경영 기능 및 그 실행에 더 중점을 두는 차원의 전략으로 나누고 있는 것이다. 전사적 차원의 조직 전략의 경우에는 공유 가치, 리더십 원칙, 인재 개발, 직원들의 브랜드 가치 등 조직 전체의 가치를 어떻게 성공적으로 이어갈지, 또한 어떤 인재들로 이루어진 인재 조직을 원하는지를 명확하게 보여준다. 그리고 실행 차원의 인재 경영 전략 측면에서는 좀 더 인재 경영 기능 자체의 실현과 실행에 중점을 두어, 정해진 시간대로 그 전략을 실행시키는 데 주안점을 두고 있다.

체크리스트는 인재 경영 전략 수립에서 처음부터 끝까지 모두 완성된 솔루션을 제공하는 것이 아니다. 체크리스트는 주목해야 할 부분이 어디인지, 비즈니스와 인재 경영에서 정말 중요하고 선행되어야 할 부분이 어디인지를 밝히는 데 도움을 주는 것이다.

우리는 언제나 뭔가를 실행할 때 "비즈니스에서 필요한 것은 무엇인가"와 "비즈니스를 성공적으로 이끌기 위해서는 어떻게 인재 경영을 할 것인가"의 순서로 생각한다. 또한 이론적인 법칙보다는 실제로 실행 가능한 것이 무엇인지를 고려한다. 이에 맞춰 체크리스트는 일반적이고 불분명한 이론이 아니라 실용적인 식견과 통찰력을 제공한다.

비즈니스가 어떤 일을 해야 하고, 어떤 일을 더 잘해야 하는지, 결과적으로 인재 경영은 어떻게 해야 하는지를 생각해 보는 과정은 앞서 정의된 니즈나 행동들에 대해 광범위한 전략적 토론을 이끌어낼 것이다. 이러한 방식으로 체크리스트는 인재 경영 전략을 수립하고 명확히 해나가는 과정을 촉진시켜 줄 것이다.

1~2년 정도의 비즈니스 인재 경영 어젠다를 설정하는 데 체크리

스트를 상향식으로 이용하는 것은 매우 효과적이다. 이 접근 방법은 정확하기도 하면서, 동시에 이해관계자들이 모두 알아볼 수 있는 쉬운 용어로 이루어져 있어서 인재 경영 어젠다를 설정하고 이해하기가 용이하다.

본래 체크리스트는 경영진에서 개발되었고, 시작부터 전문 비즈니스 용어로 작성되었다. 이는 비즈니스에서 인재 경영, 혹은 기타 이슈와 관련된 '의미 있는 의사 소통'을 도와주는 것이기도 하다. 그러나 아무리 이해하기 쉬운 언어로 이루어져 있다고 해도 이슈와 관련된 '의미 있는 의사 소통'을 위한 측면을 소홀히 할 수는 없으므로 인재 경영의 전문용어를 계속 사용하고 강조해 나갈 것이다.

인재들의 열정적인 참여를 이끌어내라

인재 경영 어젠다를 명확히 하는 작업은 그 조직을 재정비하는 한이 있다 해도 인재 경영에서 매우 중요하다. 쉬운 일은 아니겠지만, 그렇다고 완전히 처음 하는 일은 아닐 것이다. 비즈니스 인재 경영에서 한 조직이 어젠다를 명확히 하는 과정을 성공적으로 수행할 수 있는 능력이 없거나 혹은 하고자 하는 의지가 없다면, 그 조직은 곧 뒤처질 수밖에 없다.

이는 자연스럽게 향후 비즈니스 인재 경영이 어떻게 가치 창출을 할 수 있는가에 대한 질문을 불러일으킨다. 이에 대해 체크리스트는 현 상태와 목표 상태 사이의 차이를 파악하고 어떠한 일들이 필요한지를 알게 해줌으로써 그 질문에 대한 답을 어느 정도 만족시켜 줄 것이다. 그러나 당신의 조직이 단순히 중간에 머무르지 않고 선두에 서기를 원한다면, 이 정도로는 부족할 것이다.

조직 설계와 조직 및 리더십 개발, 적절한 시기와 장소에 맞는 인재 발굴과 관리, 개인과 그룹의 성과 향상을 위한 성과 관리 및 도구, 조직 문화 관리 등과 같은 부분들은 인재 경영의 어젠다 설정에 앞으로도 계속적으로 필요한 요소들이다.

그러나 향후에는 전사적 차원에서 성공적인 조직이 되기 위해서는 모든 임직원이 참여해야 한다. 또한 조직이나 조직원뿐만 아니라 조직이 속한 사회나 환경 등 외부적 요소 또한 적극적으로 고려해야 한다.

그래서 조직의 모든 임직원들이 참여할 수 있는 방법이 무엇인가에 관한 것은 뒤에서 설명할 것이다. 과거와 비교해 요즘 사람들은 조직에서 대부분 의미 있는 일들을 하고 싶어한다. 이러한 점에서 보면, 대다수 사람들은 본질적으로 자신이 속한 조직이 본질적으로 추구하는 것이 무엇인지를 알고 싶어하며, 그것을 실행하기 위해 '열정과 의지'로 다가선다. 그런데 '열정'과 '의지'의 결합은 매우 중요하다.

오늘날 조직에서 임직원들의 적극적이고 '열정적인' 참여는 더욱 중요한 요소가 되었다. 다만 '참여'라는 요소가 열정적인 부분을 충분히 포함하고 있는 만큼, 우리는 여기서 '참여'에 대해서만 간단히 다루겠다.

조직이 속한 사회나 환경 등 외부적 요소의 자발적이고 적극적인 참여와 더불어 임직원들의 하고자 하는 의지와 열정의 조합이 바로 성공 방정식이다.

몇 년 전, 북미의 인재 경영 관계자들은 1990년 말 주주가치 극대화를 위한 선봉자로 나섰다. 이는 모든 기업들에 해당되는 것은 아니었지만, 대부분의 기업들한테 더 많은 물질적 이익을 가져다주었다. 그러나 주주가치 극대화가 미국을 더 좋은 나라로 만들거나, 미국 사람들을 더 행복하게 만들어주지는 못했다고 보는 게 일반적인 시각이다. 인재 경영의 이러한 주제에 관해 아직도 미국은 설득력 있고 효율적인 방법을 찾기 위해 고군분투하고 있는 것이 현실이다.

최근에 앤더슨Andersen, 엔론Enron, 월드컴WorldCom, 아홀트Ahold, 파르말라트Parmalat와 같은 세계적인 기업의 위기는 참여를 강화하기 위해 어떻게 미래의 성공적인 조직을 만들 수 있는가에 대한 의문을 증폭시켰다. 이 질문에 대해 빠르고 정확한 답변을 할 수 있는 조직은 최고의 위치에 오를 수 있으며, 유능한 인재를 발굴, 육성할 수 있을 것이다. 이런 점에서 조직들이 향후 올바른 방향으로 향할 수 있도록 하는 것이 인재 경영이 당면한 큰 과제이다.

결국 앞에서 언급했던 부분들은 조직의 모든 임직원들이 자발적으로 참여하는 것이 필수적이라고 정리할 수 있다. 경영 컨설턴트이자 교수였던 피터 드러커는 현재는 육체 노동자 기반의 조직 체제에서 지식 노동자 기반의 조직체제로 옮겨가는 혁명적인 변화의 단계에 이르러 있지만, 조직들이 인재를 최대한 활용하지는 못하고 있다고 주장했다. 또한 모든 것을 단순화하고자 했던 그는, 기업들이 현재 너무나 많은 제품을 생산하고 있으며, 인력 또한 낭비되고 있다고 지적했다. 그에 따르면, 기업은 다음 세 가지에 집중해야 한다. 이익 창출과 직원 만족, 사회적 책임이 그것이다.

인재를 최대한 활용한다는 것은 의미 있는 성과가 예상될 때에만 조직을 만들어야 가능하다. 이를 위해서는 외부 환경과 사회에 가치를 주는 것과 조직의 성공을 결합해야 한다.

현재 임직원의 참여와 관련한 시스템 및 규정이 잘 정비되어 있는 유럽의 경우는 외부 환경과 긴밀한 관계를 유지하며 임직원의 한 차원 높은 참여로 지속 가능한 높은 수준의 성과를 이끌어내는 데 미국보다 유리한 위치를 차지하고 있다.

미국과 유럽을 비교할 때, 이는 비즈니스 인재 경영 공동체에도 똑같이 적용된다. 예를 들어, 미국의 회사를 노조와 비노조로 나누는 전통적인 구분은 과거의 산물이다. 그러한 구분은 조직에 활력을 불어넣거나 높은 수준의 임직원 참여 및 비즈니스 성과를 달성하는 데 걸림돌이 될 뿐이다. 참여 수준과 성과의 향상은 조직의 참여 문화를 만드는 데 드는 비용보다 훨씬 큰 이익을 줄 수 있다.

또 다른 주목할 만한 트렌드는 뉴 비즈니스 인재 경영 어젠다가 지역에 관계없이 국제적인 수준에서 결정될 것이라는 점이다. 물론 각 지역에 따라 특정 어젠다를 유지할 수 있겠지만, 전체적인 흐름에서 보면 결국 국제적 수준의 어젠다 및 기준을 적용하고 받아들이게 될 것이다.

세계화는 조직의 인재들을 어떻게 관리할 것인가라는 새로운 당면과제를 만들어냈다. 분권화된 대기업들은 인재 경영의 기본 정책과 우선순위의 책임 및 관리에 대해서는 중앙 집중화하고, 그 실행과 책임은 아래로 위임하고 있는 추세이다. 결국 모든 수준에서 비즈니스 니즈를 조율하는 것과 비즈니스 목표를 달성하기 위한 인재 경영을 효과적으로 실행하는 것 사이에서 적당한 균형을 잡는 것이 중요하다.

체크리스트는 조직 안 모든 수준의 임직원들에 대한 높은 참여와 더 나은 의사소통, 다양한 분야에 대한 임직원들의 피드백 등에 대한 우리의 필요를 충족시켜 준다.

우리는 인재 경영이 조직의 가치 창출에 어떻게 기여할지를 밝히는 뉴 비즈니스 인재 경영 어젠다의 명확한 정의가 단순히 그 기능을 재정비하는 작업보다 선행되어야 한다고 주장했다.

체크리스트는 인재 경영 전략을 수립하는 데 시간이나 여유가 부족한 조직에 돌파구 역할을 해줄 것이다.

앞으로 인재 경영 경영진들은 조직에서 인재 경영과 관련하여 어디에 중점을 두어야 할지, 어떤 역량을 길러야 할지 등에 대한 논의가 있을 때마다, 체크리스트를 가장 먼저 염두에 두고 고려해 보아야 한다. 인재 경영은 앞에서 강조해 왔던 것처럼 기본적으로 "우리가 어떤 비즈니스에 속해 있으며, 성공을 위해 필요한 주요 요소들은 무엇인가"라는 질문에 대답할 수 있어야 할 것이다.

체크리스트는 각각 다른 조직, 그들의 독특한 특징 및 주요 성공 요소에도 적용할 수 있다. 또한 체크리스트는 인재 경영의 우선순위 작업이 무엇이며, 어디에 노력과 자원을 집중해야 하는지에 대해 타당한 결정을 내리도록 안내해 줄 것이다. 인재 경영의 효과에 대한 의견은 다양할 수 있지만, 합의된 뉴 비즈니스 인재 경영 어젠다에 대한 일관되고 논리적인 흐름에서 크게 벗어나지는 않을 것이다.

1~2년 정도의 비즈니스 인재 경영 어젠다를 설정하는 데 체크리스트를 상향식으로 이용하는 것은 매우 효과적이다. 이 접근 방법은 정확하기도 하면서, 동시에 이해관계자들이 모두 알아볼 수 있는 용어로 이루어져 있어서 인재 경영 어젠다를 설정하고 이해하기가 용

이하다.

그러나 향후 전사적 차원에서 성공적인 조직이 되기 위해서는 모든 단계의 임직원이 참여해야 한다. 또한 조직이나 조직의 구성원뿐 아니라 조직이 속해 있는 사회나 환경 등 외부적 요소 또한 적극적으로 고려해야 한다. 이는 의사 소통 및 설문 조사 등을 통한 임직원 피드백에 더 큰 노력이 필요하기 때문이다.

이런 면에서 볼 때, 체크리스트는 조직 안 모든 단계 임직원들의 높은 참여, 더 나은 의사소통 및 임직원 피드백 등에 대한 우리의 니즈를 충족시켜 준다.

효율적인 인재관리를 위해서 글로벌 인재 경영 부서는 일선 부서의 인재 경영 실행 과제들에 대한 동의를 이끌어내는 능력과 기술을 개발해야 하며, 글로벌 인재 경영 정책과 일관성을 갖도록 해야 한다. 지금부터는 인재 경영의 역할과 기능을 중점적으로 살펴보자.

성공하는 조직을 만드는 인재의 힘

우리는 인재 경영이 조직의 가치창출에 기여할 수 있는지를 밝히는 뉴 비즈니스 인재 경영 어젠다의 명확한 설정이 단순히 조직의 기능을 재정비하는 작업(기술의 사용, 서비스센터의 공유, 아웃소싱 등)보다 선행되어야 한다고 계속 주장해 왔다. 이는 인재 경영이 가져올 효과에 대한 모호한 기대를 명확하게 하는 가장 효과적인 방법이기 때문이다.

세계적인 거대 기업에서는 인재 경영 역할의 업무 구조가 빠르게 변화하고 있다. 특히 인재 경영 프로세스의 단순 업무들(임금 지급, 교육 훈련, 복리후생 등)은 공유서비스센터shared service center로 묶어 진행하고 있다. 이런 변화는 인재 경영 관련 비용을 줄이고, 인재 경영 전문가들이 더 가치 있는 일에 시간을 쓰게 함으로써 업무의 효율성을 높이는 데 그 목적이 있다. 공유서비스센터가 적절하게 운영되면, 인재 경영의 기능은 진정한 의미에서 조직의 가치 창출에 기여할 수 있는 주요 활동에 더 집중함으로써 효율적이 될 수 있을 것이다.

현재까지 기존의 인재 경영에 대한 공유서비스센터는 미국에서 사업체 단위로 나눈 것을 시작으로 대부분 나라 단위로 구성되었다. 그러나 요즘은 공유서비스센터를 지역별로, 심지어는 국제적으로 구성하고 있는 추세다. IBM이 대표적인 예인데, IBM은 아메리카 대륙에 브라질, 아시아에 필리핀, 유럽과 아프리카, 중동에 헝가리, 이렇게 세 개의 센터를 운영하고 있다.

특히 공유서비스센터가 기존 국가 단위체제에서 벗어나 지역적으로 확대되고 있다는 것은 인재 경영의 역할이나 기능 자체도 변해야 한다는 걸 뜻한다. 현재 각 비즈니스나 조직 단위를 지원했던 작은 인재 경영 팀들은 조금씩 사라져가고 있는 추세이기도 하다. 각 분야의 책임자들은 소규모 지역 인재 경영 방식과는 다른 중앙센터 인재 경영 방식으로 전환하는 흐름에 적응해야 한다. 아직 전환하지 않은 몇몇 소규모의 지역 인재 경영 자원에 대해서는 향후 비즈니스에서 기여할 수 있는 부분이 얼마나 되는지를 명확히 하는 작업이 그 어느 때보다 필요해졌다.

우리는 공유서비스센터로 전환하는 것이 앞으로 다가올 미래의 중요한 트렌드라는 사실을 알았다. 이를 위해서는 무엇보다 기술, 프로세스 및 시스템 차원에서 많은 투자가 필요하다. 인재 경영의 임원들은 이러한 변화를 잘 받아들여 조직을 운영할 수 있도록 많은 시간과 노력을 기울여야 할 것이다. 이러한 금전적, 물질적 투자로 이루어지는 활동은 인재 경영에서 중요한 요소임에 분명하지만, 그렇다고 비즈니스에 주된 기여를 한다고 할 수는 없다. 다만 대규모로 이루어지는 국제적인 인재 경영 활동을 잘 활용한다면 조직을 시대적 흐름과 변화에 발 빠르게 대응하는 가장 효율적인 조직으로 거듭날 수 있도록 변화시켜 믿음직하고 능력 있는 조직으로 만들어줄 것이다.

체크리스트는 비즈니스에 어떻게 기여할 것인지를 명확하게 한다는 점에서 점차 그 수가 줄어들고 있는 미래 비즈니스 인재 경영의 역할과 기능을 도와주는 주요 도구이다. 따라서 인재 경영이 조직의 가치 창출에 어떻게 기여하는지 밝히는 뉴 비즈니스 인재 경영 어젠다의 정의부터 우선 명확하게 밝혀야 할 것이다.

인재 경영 관리자의 역할

2004년 에곤 젠더 인터내셔널Egon Zehnder International은 북미와 남미를 비롯한 유럽, 중동, 아시아 등의 약 100여 개 도시에서 근무하고 있는 350명의 관리자들을 대상으로 설문 조사를 실시했다. 국내의 작은 기업에서부터 글로벌 기업에 이르기까지, 다양한 업계의 조직을 대상으로 조사가 이루어졌다. 설문 조사에 참여한 응답자들은 6,500만 임직원을 관리하는 27만 4,000명의 인재 경영 관리자였으며, 그들이 대표하는 회사의 평균 거래액은 50억 유로였다.

조사에 따르면, 인재 경영 역할과 다른 비즈니스 사이의 갈등, 더 자세히 말하면, 인재 경영의 역할이 비즈니스 전략과 방향을 제시하는 것에 있는지, 아니면 단순하게 이미 결정된 전략에 따라 실행하는 수단적 차원에 있는지에 대한 갈등이 가장 주요 이슈로 남아 있었다. 그래서 일부 인재 경영 관리자들은 그들이 CEO에게 어느 정도 전략적인 파트너가 될 수 있을지에 대해 불안해하기도 했다.

또한 조사를 보면, 인재 경영 관리자들에게 다양한 개인적 능력 및 비즈니스 경험을 필요로 했다. 이에 오늘날 인재 경영 관리자에게 실제로 요구되는 것이 무엇인지, 다음 6가지 주제들을 통해 살펴보도록 하자.

비즈니스의 변화를 선도한다

일부 인재 경영 관리자들은 변화를 선도할 뿐 아니라, 다양한 단계의 임직원들의 변화에 대한 저항을 줄이고 그들의 참여를 이끌어내기 위해 임원 및 관리자들과 협력한다.

이사회에 영향력 있는 목소리를 낸다

이사회에 영향력 있는 목소리를 내기 위해 인재 경영 관리자는 CEO를 비롯한 임원들에게 당당히 나설 수 있는 신뢰감과 지위를 유지해야 한다. 비즈니스 전략을 수립하는 것에서부터 이사회에 역동성을 불어넣고, 각자 개인적인 위기 및 다양한 화제들을 해결할 수 있도록 지원하는 것에 이르기까지 여러 주제들을 관리해야 하기 때문이다.

최상위 인재 경영 관리자처럼 행동한다

최상위 인재 경영 관리자는 일반적으로 50~300명 정도의 임직원들을 관리한다.

임직원들의 관계를 관리한다

노조와 이사회 간의 협의를 이끌어내고 관계를 발전시키는 것은 아직도 시간이 많이 걸리는 작업으로 인지되고 있다. 대부분의 기업에서 의사소통이나 직원들의 피드백을 관리하는 것은 물론이고 임직원들의 관계라는 요소까지 존재하고 있기 때문이다.

일반 사무 업무를 관리한다

인재 경영 관련 업무에는 임금 관리는 물론 기타 행정 지원 업무 등 일반 사무 업무를 포함한다.

각종 규제를 준수하게 한다

법과 제도 및 기타 규제의 변화를 모니터링하고 이해하여 준수를 확실하게 하는 등의 업무 또한 인재 경영 담당 임원의 책임이다. 게다가 EU 등의 기관에서 많은 시간을 소요해야 하는 정보를 요구하고 있어 개별 기업들의 부담이 커지고 있다.

인재 경영도 아웃소싱하라

에곤 젠더에서는 인재 경영에서 앞의 6가지 부분에 대해 똑같은 비중으로 관리하는 것은 힘들다고 결론을 내렸다. 따라서 인재 경영 관리자에게는 비즈니스 인재 경영의 우선순위를 재검토하고 전체 인재 경영 차원의 단기적 목표를 설정하는 것이 시급한 과제로 떠올랐다. 이러한 필요성은 사업 계획과 목적에 부합하는 실행 가능한 비즈니스 인재 경영 어젠다를 설정하는 데 많은 도움이 될 것이다.

이런 종류의(6가지 부분을 똑같은 비중으로 관리해야 하는 것에서 발생하는) 딜레마에 대해 적절한 시기 내에 적절한 방법으로 해결하는 것이 불가능해지면, 대부분의 조직들은 인재 경영의 일부 활동 및 프로세스를 아웃소싱하기 시작한다.

지역 인재 경영 서비스센터는 인재 경영 관련 일반사무 업무를 아웃소싱하는 첫 단추가 될 것이다. 피앤지, 휴렛패커드, 영국석유회사, IBM 등을 비롯한 글로벌 기업들은 이미 이렇게 진행 중이거나 진행할 계획이다. 더욱이 이러한 움직임은 앞으로 확산될 추세이며, 아웃소싱되는 인재 경영 관련 업무의 범위도 확대될 것이다. 임직원 교육 훈련은 물론 리쿠르팅 프로세스의 일부까지 상당 부분이 아웃소싱으로 이전될 게 분명하다.

헝가리에 위치한 IBM 인재 경영 서비스센터의 경우, 인재 경영 사무관리 업무 서비스는 물론이고 산업 관계 및 관련 이슈를 포함하는 인재 경영의 전문적 서비스 부분까지 담당하고 있다.

지금도 시간은 흐르고 있다. 인재 경영 기능은 그 성과를 한 단계 상승시켜야 하며, 비즈니스에 대한 기여도 또한 강화시켜야 한다. 비즈니스 인재 경영 어젠다와 그 가치를 명확히 하는 일은 매우 중요하다. 영국 브리티시 텔레콤의 CEO인 벤 버와이언Ben Verwaayen은 다음과 같은 접근 방식을 소개했다.

사람을 최고의 자산으로 만드는 비결

벤 버와이언은 네덜란드 경영학교가 가장 자랑할 만한 수출품 중 하나라고 불리기도 한다. 1952년 네덜란드에서 태어난 그는 PTT 텔레콤에서 사장이자 관리자로 7년 동안 근무한 뒤, 네덜란드 국영 통신사로 이직했다. 1997년 그는 루슨트 테크놀로지로 옮겼고, 2002년 2월 1일 영국 브리티시 텔레콤의 CEO로 임명되었다.

2005년 가을 벤은 네덜란드의 인재 경영 전문가 350여 명을 대상으로 연설을 했다. 연설의 요지는 다음과 같다.

"인재 경영 리더들이 주목할 만한 사업적 기여를 하고 싶다면 자신들이 안주하고 있는 자리에서 벗어나 분투해야 한다. 그리고 전략적 변화와 인재관리에서 현 전략에 맞춰나가는 대신 전략 방향을 이끄는 역할을 수행해야 한다."

이는 브리티시 텔레콤과 같은 세계적인 기업을 이끄는 CEO의 언급이라는 점에서 큰 의미를 갖는다.

문 : 당신은 인재 경영이 전사적 전략과 통합되어 이루어져야 한다고 주장했는데, 현재 인재 경영을 위해 어떤 일을 하고 있나?

답 : 일반적으로 말해서 나 역시 CEO들이 그 문제를 비교적 소홀히 한다는 것은 인정한다. 그들은 충분히 고려한 뒤에 주제를 부여해 주는 것이 아니다. 새로운 시도를 하는 것이 그들에게 역시 두려운 일인 만큼 기존의 틀과 역할에 의존하는 것이 사실이다. 인재 경영 담당자들 또한 이러한 측면에서 그들의 상사를 편한 곳에 안주하게 하는 경향이 있다.

문: 인재 경영에서 어떤 분야가 가장 중요하다고 생각하나?

답: 최근 수십 년간 직원들의 교육 수준이 놀랄 정도로 높아졌다. 각 개인이 기업에 기여하는 데 충분할 정도이다. 경영의사결정이 이를 뒷받침해 줄 수 있어야 한다. 우리의 현 조직 구조는 개인 및 팀에 대해 이러한 부분을 반영해 그들의 능력을 최대한 발휘할 수 있도록 도와주어야 한다. 그러나 실제로는 아직 그렇게 되지 않고, 과도기 상태에 있다. 우리는 '사람이 최고의 자산'이라고 입버릇처럼 말하지만, 이에 부응하려면 지금보다 훨씬 더 많은 노력을 기울여야 할 것이다.

문: 인재 경영에서 무엇을 기대하나?

답: 인재 경영 관련 종사자들은 그들만의 안전지대에서 벗어나서 중요한 역할들을 맡아야 한다. 만일 그들이 '사람'의 측면에서 비즈니스에 조금 더 관심과 노력을 기울이고 그 결과로 성과가 개선될 수 있는 여지를 발견했다면, 자신들의 목소리를 높여 주장하고 이를 실행해 나가야 한다. 그러한 용기가 인재 경영에 필요하다. 인재 경영 전문가들은 동료들과 맞서게 되더라도 끝까지 자신의 생각을 주장할 수 있는 용기를 가져야 한다. CEO로서 나는 인재 경영에서 이런 부분들을 기대하며, 인재 경영 관계자들 역시 CEO가 나서주기를 기다리고 있어서는 안 된다.

문: 당신과 당신의 동료들은 실제로 인재 경영 관계자들이 이런 도전적인 역할에 나서기를 바라는가?

답: 그렇다. 여기에서 질문은 내가 이를 원하느냐가 아니라, 인재 경영 리더들이 이 역할을 어떻게 수행하도록 할 것이냐이다.

문 : 그렇다면 당신은 자기 자신을 어떻게 관리하고 있나?

답 : 나는 인재 경영이 기여할 수 있는 부분에 대해 내 예상치를 상당히 명확하게 설정한다. 이는 성과 관리 및 보상 체계에 반영되는 부분이기도 하다. 나는 인재 경영 관계자들이 가장 중요한 부분에만 집중하기를 바란다. 또한 인재 경영이 현재 진행하고 있는 작업의 30퍼센트 정도를 절감하여 새로운 과제를 위해 남겨두기를 바란다.

문 : 지금까지의 과정에 대해 만족하나?

답 : 일반적으로 말해서 아직도 갈 길이 멀다고 느낀다. 나는 전반적인 비즈니스 성과 개선을 위해 '사람'과 관련된 부분에서 필수적으로 이루어져야 할 부분을 계속해서 발전시키도록 인재 경영 분야를 독려할 것이다. 인재 경영 관계자들은 자신들만의 안전지대에서 벗어나 그들의 동료들과 대면할 수 있는 용기를 보여주어야 한다.

체크리스트는 인재 경영 관리 부분이 다기다종한 과제와 업무, 과도한 내부 고객 등으로 인해 결국 전략수립을 위한 시간이 부족한 많은 회사들한테 돌파구가 된다. 이런 회사들은 악순환의 고리를 끊어야 하는데, 체크리스트가 여기에 도움이 될 것이다.

체크리스트를 사용하여 악순환의 고리를 끊는 회사에서는 인재 경영 관련 전략에 대한 식견을 유지할 수 있을뿐더러 실질적인 실행력 또한 갖출 수 있을 것이다. 체크리스트는 이 두 가지를 동일한 방법으로 혼합하고, 동일한 뉴 비즈니스 인재 경영 어젠다를 수립하는 데 도움을 준다.

지금까지 체크리스트라고 불리는 것이 여러 가지 상황들에서 어떻게 사용되는지 살펴보았다. 인재 경영 전략, 인재 경영 우선순위, 인재 경영 업무의 일관적이고 성공적인 실행에 앞서, 2장에서는 체크리스트 그 자체에 관해 살펴보겠다.

2장

사람을 최고의 자산으로 만드는 비결

HIGH PERFORMANCE
BUSINESS STRATEGY

인재에게는
이런 질문을 던져라

이제 우리는 체크리스트에 초점을 맞출 것이다. 체크리스트의 56개 질문들을 제시한 다음, 그것들에 대한 간단한 설명과 근거 배경을 서술하겠다. 56개의 질문들은 9개의 주제로 분류되어 있다. 먼저 전체 체크리스트와 9개의 주제 및 관련 질문들에 대해 알아보자.

주제 1_ 인재를 끌어당기는 리더십

1. 조직 안의 모든 구성원들에게 비전에 대한 인식을 심어주는 고무적인 이벤트가 있는가?

2. 리더는 명확한 비전을 가지고 있는가?

3. 비즈니스의 핵심 우선순위가 무엇인지 명확히 알고 있는가?

4. 우선순위에 따른 전략의 실행을 가속화시키는 리더십 이벤트가 있는가?

5. 누가 무엇에 대해 책임을 지는지 명확하게 전달되었는가?

6. 과제와 책임을 명확하게 위임할 수 있는 방법이 있는가?

주제 2_ 이기는 팀을 구축하라

7. 우리는 팀원의 강점과 약점을 잘 알고 있는가?

8. 빈틈없이 조화로운 팀을 만드는 데 힘을 할애하고 있는가?

9. 팀원이 남긴 이전 실적이 팀의 요구사항과 일치하는가?

10. 팀은 개인의 야망을 알고 있고 지지하고 있는가?

11. 팀은 기존 관습을 새롭게 바꿀 수 있는가?

12. 팀의 리더십과 문화는 다양한 의견과 견해를 이끌어내고 있는가?

주제 3_ 비전과 가치를 공유하라

13. 비전을 담은 선언서가 있는가?

14. 그룹의 많은 사람들과 함께 비전을 만들었는가?

15. 비전이 회사의 모든 사람들에게 전달되었는가?

16. 가치가 비전과 연결되었는가?

17. 얼마나 가치가 잘 지켜지는지 확인 조사를 하는가?

18. 변동급여(보너스)의 적용이 비전과 연관되는가?

주제 4_ 전략적인 틀을 마련하라

19. 몇 개의 명확한 전략 우선순위가 있는가?

20. 전략 우선순위를 모든 핵심 이해관계자에게 설득력 있고 고무적인 방식으로 전달했는가?

21. 전략 우선순위가 구체적이고 실제적인 행동으로 이어졌는가?

22. 핵심적인 혁신을 위한 프로그램이 명확하게 짜여 있는가?

23. 비즈니스의 목표와 계획에 구성원들의 포부가 충분히 담겨 있는가?

24. 특정 비즈니스 활동이 끝나면 자원을 신속하고 적절하게 재배분하는 과정이 있는가?

주제 5_ 조직 운영은 체계적이고 간소하게

25. 목표와 업무 계획은 전략 우선순위에 맞게 정렬되어 있는가?

26. 조직 구조는 전략 우선순위에 맞게 정렬되어 있는가?

27. 업무 프로세스는 전략 우선순위에 맞게 정렬되어 있는가?

28. 한 매니저당 평균적으로 관리하는 인원이 최소 6명인가?

29. 비교 대상이 되는 조직보다 매니저당 평균 수익(생산)이 높은가?

30. 비교 대상이 되는 조직보다 관리 계층의 수가 적은가?

주제 6_ 최고의 수행 능력을 갖춘 팀으로 만들어라

31. 다기능 팀은 우선적으로 추진해야 하는 활동에 적합한가?

32. 팀은 리드 그룹이 승인한 명확한 개요서를 가지고 있는가?

33. 팀은 정말 자율적으로 업무를 관리하는가?

34. 팀은 과제를 수행하기 위한 적합한 도구를 가지고 있는가?

35. 팀워크를 다져 주는 공식적인 훈련이 있는가?

36. 필수적인 팀 기술과 역량을 체계적으로 재검토하는 과정이 있는가?

37. 이기기 위한 행동을 독려하는 리더십 역량 모델이 있는가?

주제 7_ 성공을 위한 계발법으로 코칭을 활용하라

38. 대다수 사람들은 '인재개발'에 대한 정의를 명확히 알고 있는가?

39. 개인의 성과 향상을 위해 라인 매니저가 어떤 지원을 할 수 있는지 명확한가?

40. 명확하고 융통성 있는 개인 목표가 성취될 것으로 보이는가?

41. '코칭'이 어떻게 더 나은 리더십 스타일에 기여할 수 있는지 명확히 알려져 있는가?

42. 조직은 고무적인 코칭 문화를 가지고 있는가?

43. 이사회 구성원들과 기타 핵심 인원들이 코칭 훈련을 받고 있는가?

주제 8_ 성공하는 조직의 분위기는 이렇게 만든다

44. 리더의 코칭 형식이 전반적으로 바람직해 보이는가?

45. 조직의 관리체계를 측정하기 위한 여론조사가 실시되고 있는가?

46. 성공은 축하받고 있는가?

47. 사람들이 자신의 성과가 인정받는다고 느끼는가?

48. 조직에 손실을 가져다주는 직원들에 대한 기피 현상이 있는가?

49. 조직은 적합한 사람들을 끌어당길 수 있는가?

50. 조직은 일하기에 좋은 곳인가?

51. 목표와 목표설정 과정이 긍정적 에너지를 낳고 있는가?

주제 9_ 결과와 보상의 전달

52. 지난 3년 동안 목표를 2회 이상 성취했는가?

53. 지난 3년 동안 변동급여는 최소 '평균' 수준이었는가?

54. 일반적으로 많은 사람들이 결과를 공유하고 있는가?

55. 현금 지급과 별도의 보상을 받고 있는가?

56. 근무 시간은 조직 문화를 이해하는 데 충분한가?

인재를 키우는 56개의 물음

이제 우리는 체크리스트의 56개 질문에 대한 간단한 설명과 함께 이러한 특정 질문을 사용하는 근거를 기술할 것이다. 각각의 질문을 통해 우리가 명확히 하기를 원하는 것이 무엇인지 먼저 이해하는 것이 중요하다.

1. 조직 안의 모든 구성원들에게 비전에 대한 인식을 심어주는 고무적인 이벤트가 있는가?

오늘날 많은 조직들은 회사 비전에 관한 이벤트를 조직할 만큼 영리하다. 이 질문을 통해 살펴본 두 가지 중요한 요소는 다음과 같다.

첫 번째는 선정된 소수의 사람들과 함께 이벤트를 준비하기 때문에 성과가 좋지 않다는 것이다. 이것은 조직 안의 모든 직위별 운영자들의 힘을 부인하는 것이다. 이미 이 책에서 언급한 피터 드러커의 지식 노동자에 관한 논평을 생각해 보라.

두 번째 부가 요소는 '고무적'이라는 말에 있다. 고무적인 이벤트가 어떤 모습이 되어야 하는가에 대한 정답은 없지만, 그러한 모습으로 간주할 수 있는 몇 가지 면들은 이미 이야기한 바 있다. 사람들은 포괄적인 방식으로 접근할 필요가 있으며, 단지 프레젠테이션을 통해 통보해선 안 된다. 많은 사람들을 참여시키기 위해서는 이성적인 면과 정서적인 면을 아울러서 감동시켜야 한다. 이것을 실행하는 많은 방법들이 있고, 뒤에서 몇 가지 실례를 제시할 것이다.

2. 리더는 명확한 비전을 가지고 있는가?

이 질문에 대한 답은 눈에 보이는 것처럼 명확하게 할 수가 없다. 이미 많은 사람들이 명확한 비전을 갖지 않은 리더는 생존할 수 없다는 사실을 알고 있다. 그러나 리더가 조직의 비전을 결정하는 것은 때때로 오랜 시간이 걸릴 수 있다는 점을 인식할 필요가 있다.

노키아와 만네스만 같은 회사의 CEO들이 분명히 경험했을 사고과정을 상상해 볼 수 있는가? 그들은 노키아와 보더폰(만네스만은 세계적인 기업 보더폰의 일부가 되었다.)처럼 자신들의 회사가 기계 제조업과 기술 회사에서 고속 모바일폰과 텔레커뮤니케이션 회사로 변신해야만 한다는 것을 먼저 마음속으로 명확히 해야 했을 것이다.

비전을 명확히 하지 않으면 몇 가지 논제에서 중요한 문제가 생긴다. 이때 가장 중요한 것은 비전을 명확히 하기 위해 상부 팀은 무엇을 하고 있는가이다.

비전을 명확히 하지 않은 것과 더불어 리더십 팀이 정교하게 작동되지 않는 것보다 더 나쁜 것은 없다.

3. 비즈니스의 핵심 우선순위가 무엇인지 조직은 명확히 알고 있는가?

우리는 비전과 핵심 우선순위 사이에 일종의 선후 관계가 있다고 생각한다. 먼저 비전이 있어야 핵심 우선순위를 정할 수 있다고 보는 것이다. 하지만 현실에서는 항상 이런 식으로 일이 처리되지는 않는다. 현실은 훨씬 더 유동적이고 때로 훨씬 더 혼란스럽다.

노키아와 만네스만의 예로 다시 돌아가서, 새롭거나 변경된 비전에 핵심 우선순위가 무엇인지에 대한 신중한 결정이 뒤따르지 않았다고 생각해 보자. 과연 어떤 결과를 초래하게 될까? 우리는 회사의 장기적인 방향이 변했는데도 핵심 우선순위를 고수했던 회사들을 많이 보아왔다.

4. 우선순위에 따른 전략의 실행을 가속화시키는 리더십 이벤트가 있는가?

리더십 이벤트가 어떻게 우선순위에 따른 전략의 실행에 도움을 줄 수 있는지 몇 가지 예를 들어보자. 여기서 우리가 살펴보려는 요점은 속도와 에너지이다.

우선순위에 따라 전략을 실행할 때 강요하거나 서둘러 몰아칠 수가 없다. 어떤 일을 하기 위해서는 보통 오랜 기간에 걸친 노력이 필요하다.

그러나 리더십 수준에서 최초 실행 과정은 확실히 심사숙고된 리더십 이벤트에 의해 가속화될 수 있다. 우리의 경험에 따르면 이것은 많은 적극적인 에너지를 낳는다.

5. 누가 무엇에 대해 책임을 지는지 명확하게 전달되었는가?

비록 이 질문은 상당히 악의 없는 것처럼 보이지만, 우리는 체크리스트를 사용함으로써 이 질문이 다른 어떤 질문들보다 상당히 덜 긍정적이라는 사실을 알게 되었다.

여기서 리더십 팀은 비전, 우선순위 전략 등등에 대한 명확성을 제공할 뿐만 아니라, 비전과 우선순위 전략 면에서 누가 무슨 책임을 져야 하는지 그들 사이에 합의할 필요가 있다. 일단 이것이 이루어지면 광범위한 조직에 이것을 명확히 하는 것이다. 특히 크고 복잡한 조직에서 이것이 적절히 이루어지지 않는다면, 조직 안의 다양한 부분에서 일관성이 유지되지 못할 수도 있다.

여기서 우리가 스탈린주의적 접근법을 주장하는 것은 아니지만, 무엇보다 기율이 중요하다. 무엇을 어떻게 조직하며 책임자는 누구인지 명확히 함으로써 기율이 정해진다.

6. 과제와 책임을 명확하게 위임할 수 있는 방법이 있는가?

이 질문은 주로 운영의 틀에 관한 것이다. 큰 조직일수록 조직 방법을 명확히 할 필요가 있다. 위임은 그러한 틀의 한 요소로서 중요하다. 이것이 명확하지 않다면 작업의 중복 또는 공백이 발생할 것이다.

우리가 특별히 위임 부분을 살펴보기로 선택한 이유는 일부 회사에서 명확하지 않은 위임 시스템이 실행에 혼란을 일으키고, 결국 최선이 아닌 차선을 선택하고 마는 트렌드를 볼 수 있기 때문이다. 많은 경우에서 최상부 리더십의 반응은 "만일 그들이 우리 지시대로 작업할 수 없다면, 우리가 그것을 할 생각이다"라는 것이었다.

이러한 중앙집중적 접근법은 처음에는 좋게 느껴질지도 모르지만, 결국 실패를 초래하고 만다.

따라서 이런 상황에서는 필요하다면 운영의 틀을 재검토하고 회사가 유지하기를 원하는 위임 시스템을 명확히 하는 것이 현명하다.

7. 우리는 팀원의 강점과 약점을 잘 알고 있는가?

이 질문은 우리가 예상했던 것보다 긍정적인 대답이 적었다. 현대 조직에서 기본적인 필요 조건이라고 해서 항상 그것이 구비되는 것은 아니다. 우리는 두 가지 요소들이 여기서 어떤 역할을 하고 있다고 믿는다.

첫 번째로, 국제적인 거대 조직에서 사람들은 빈번하게 한 직장에서 다른 직장으로 이동하며, 때때로 한 나라에서 다른 나라로 이동하기도 한다는 것이다. 모든 회사들이 체계적인 방식으로 개인에 대한 관련 자료를 수집하고 유지하는 것은 아니다.

두 번째로, 우리는 보통 개인의 성과에 대한 자료를 수집하지만, 일반적으로 그것은 지배적 시스템 기반에서 이루어진다. 예를 들어 우리가 기존 역량 모델 기반에서 사람들을 평가한다면, 어떻게 그 사람이 여러 해에 걸쳐 작업 계획과 목표에 반하는 성과를 이루어왔는지 놓치게 된다. 또한 성과와 그 사람의 다른 면들을 놓칠 수 있다. 새로운 팀 구성원이 회사 외부에서 영입되면, 이러한 문제는 훨씬 더 중대해질 수 있다.

8. 조화로운 팀을 만드는 데 빈틈없이 힘을 할애하고 있는가?

우리는 대부분 개인들의 특성을 살펴보고 나서야 팀을 바라본다. 그 순서를 바꾸어야 한다고 주장하는 것은 아니지만, 기존의 팀을 위해 이용할 수 있는 기술, 역량, 경험 등등에 대한 전체적인 그림을 그려가는 것은 매우 중요하다.

거의 모든 경우에서 공백과 중복이 나타날 텐데, 이것을 인식하고 가능한 한 빨리 그 공백을 복구하는 것이 중요하다. 중복되는 기술과 역량은 문제가 덜 되지만, 공백의 경우에는 숙련이 필요한 도전 과제에 대해 항상 최상이 아닐 수도 있는 팀의 작업 방식을 선호하도록 이끌 수 있다.

만일 다섯 명의 팀원 중 네 명이 비전과 획기적 사고의 창조에 강하지만, 다른 사람들과 함께 그리고 팀 리더십에서 비전을 위한 참여를 수립하는 데 상대적으로 약하다면, 비전을 현실로 바꿀 때에는 문제가 생길 수 있는 것이다.

9. 팀원이 남긴 이전 실적이 팀의 요구사항과 일치하는가?

이 질문은 질문 7과 관련이 있다. 이 질문의 초점은 새로운 팀 구성원을 결정할 때 조직이 그 사람의 실적을 알고 있는가이다. 우리는 포괄적 의미에서 실적을 다음과 같이 정의한다.

그는 어떤 경험을 가지고 있는가? 다양한 직무에서 꾸준하게 성공적으로 발휘한 기술과 역량이 있다면 어떤 것인가? 그가 거둔 뛰어난 성과는 무엇이었는가? 그가 정말로 잘하는 것은 무엇이었는가? 기타 등등.

이 질문을 통해 측정할 수 있는 또 하나는 팀원의 조건이 효과적으로 제시되어 왔는지, 그리고 새로운 팀원이 팀과 조화할 수 있는 방법에 관한 평가가 이루어졌는지이다.

10. 팀은 개인의 야망을 알고 있고 지지하고 있는가?

새로운 팀원을 모집할 때, 팀원이 되기 위한 후보자의 야망은 보통 면접과 입사 시험을 통해 알 수 있다. 물론 기존의 팀원들도 각자 야망이 있다. 그들은 야망을 개인적 사정에 따라 시간을 두고 서서히 발전시키거나 완전히 바꾸기도 한다.

훌륭한 팀은 팀원의 야망에 대해 관심과 애정을 가지고 토의를 하며, 야망을 실현시킬 수 있는 개방적 풍토를 만들려고 애쓴다. 이것은 형식적인 시스템이나 모임 등을 통해 이루어지는 것이 아니라, 자연스럽게 팀원들 사이의 대화를 통해 이루어진다. 팀원은 서로 자기 계발에 투자해야 한다.

11. 팀은 기존 관습을 새롭게 바꿀 수 있는가?

좋은 성과를 올리는 팀이라 해도 새롭게 혁신할 수 있는 능력은 부족할 수 있다. 만일 이런 팀이라면, 현 상황을 지키는 데 집중하기보다는 쇄신 활동에 관심을 두면서 팀의 일부 구성원이 다른 방식으로도 제 역할을 할 수 있는지를 살펴야 한다. 만일 이것이 가능하지 않다면, 이러한 능력을 갖추기 위해 팀을 바꾸는 것이 중요하다.

12. 팀의 리더십과 문화는 다양한 의견과 견해를 이끌어내고 있는가?

우리는 나중에 훌륭한 팀워크를 위한 다양성의 중요성에 관해 다룰 것이다. 다양성이 넘칠수록 팀은 탁월한 성과를 낼 수 있는 기회가 많아진다. 따라서 다양성은 잘 관리되어야 하며, 여기에서 리더의 역할은 매우 중요하다. 잘 관리되지 않는다면 팀의 성과는 보통 수준이 될 것이고, 구성원의 개인적인 능력을 바탕으로 기대할 수 있는 성과보다 저조하게 나타날 것이다.

우리는 탁월한 팀의 구성원들이 때로 남들과 다른 견해를 나타내는 리더에 의해 용기를 얻게 된다는 것을 알고 있다. 그러한 팀에서는 한 팀원이 나머지 팀원들과 다른 견해를 가지고 있고 그 견해가 리더의 눈에 들지 않는다 해도 문제가 되지 않을 것이다. 팀의 풍토는 개인이 소수 의견을 가지는 것을 허용할 것이고, 리더는 결정이 이루어진 후 그것을 어떻게 다루어야 할지 알 것이다. 이러한 풍토를 지닌 팀은 그것이 없는 팀보다 근본적으로 더 우수하다. 나쁜 팀의 풍토가 어떤 것인지는 모든 조직, 텔레비전, 신문, 정치 등에서 잘 관찰할 수 있다.

13. 비전을 담은 선언서가 있는가?

이 질문은 거대한 조직의 누군가가 서랍 안 어딘가에 비전에 관한 서면 선언서를 가지고 있는지를 점검하려는 것이 아니다. 비전에 관한 광범위한 의사소통이 가능하도록 하기 위한 단계로서, 비전을 담은 선언서를 정성껏 주의 깊게 작성하는지를 살펴보는 것이다.

14. 그룹의 많은 사람들과 함께 비전을 만들었는가?

때로 새로운 비전을 선택할 때 최상부의 사람은 외로움을 느낀다. 그러나 조만간 더 많은 사람들이 참여할 것이다. 이때 '그룹의 많은 사람들'이란 수백 또는 수천 명의 사람들을 일컫는 것이 아니다. 그룹의 많은 사람들이 관련을 맺는 시작점은 보통 몇 개의 고정 핵심 요소들과 함께 새로운 통찰력을 발휘해 비전을 만들었지만, 아직은 연구하고 논의하고 결정할 것이 많다.

시의적절하게 그룹의 많은 사람들을 참여시키는 것은 관련된 사람들에게 매우 흥미로운 작업이 될 수 있다. 그리고 이후에 비전을 수행할 때 사람들의 참여도도 높일 수 있다. 서로 연대하는 과정은 잘 조직되고 조화를 이루어야 한다. 협상할 수 없는 것은 명확히 해야 할 필요가 있으며, 논의도 너무 질질 끌어서는 곤란하다. 그리고 의사 결정 규칙을 확실히 해야 한다.

15. 비전이 회사의 모든 사람들에게 전달되었는가?

다음의 논리적 단계는 비전을 광범위한 조직에 전달하는 것이다. 비전은 추상적인 언어가 아닌, 누구나 알아들을 수 있는 언어로 조직의 모든 계층에게 전해져야 한다. 또한 조직 안의 다양한 계층에 맞게 전문적인 방식으로 이루어져야 한다. 비전이 잘 전파된다면 구성원의 흥미를 북돋워 참여도를 높일뿐더러 강한 추진력도 얻을 수 있다.

16. 가치가 비전과 연결되었는가?

이 질문은 다른 방식으로 물을 수도 있다. 비전은 가치와 연결되었는가? 매우 강력한 가치를 지닌 이케아 같은 회사는 가치로 시작하는 것이 더 적절할 수 있다. 우리가 여기서 말하는 요점은 가치와 비전은 결코 모순되어서는 안 된다는 것이다.

만일 회사의 가치 중 하나가 지속 가능성이라면(공급자, 고객, 소비자와 맺는 관계에서, 제품과 직원의 관계에서 등등) 그러한 회사는 지속 가능성 원칙과 대립되는 혁신, 제품, 비즈니스 방법 등을 추구하는 비전을 가질 수 없다.

전에 말한 것처럼 현실적인 상황은 때로 흑백논리로 가리기 어려우므로 평가하기가 더욱 곤란하다. 우리가 경험한 바로는 회사에 근무하는 사람들은 이 질문에 즉각 대답할 수 있을 만한 수준 이상의 정보를 갖고 있다.

17. 얼마나 가치가 잘 지켜지는지 확인 조사를 하는가?

팀원의 행동을 이끌어내지 못한다면 가치나 가치 선언서와 가치 프로그램은 아무 소용이 없다. 회사에서 관찰할 수 있는 행동은 가치의 가시적인 표현이다. 행동과 가치가 연결되지 않은 경우, 회사가 잘못된 방향으로 움직일 위험이 있다. 조사는 연결의 정도를 측정할 수 있는 효과적인 도구이다.

18. 변동급여의 적용이 비전과 연관되는가?

변동급여 문제는 너무 오랫동안 제기되어 왔다. 변동급여가 하나의 위생 요인(제공되지 않으면 바로 불만이 생기지만 제공된다고 해서 만족이 커지는 것도 아닌 요인—옮긴이)이 되었다 해도 확실히 전력을 다하도록 자극하지 못하는 상황들이 여전히 상당수 존재한다.

체크리스트 응답자 중 예상보다 많은 사람들이 이 질문에 부정적으로 응답했다. 그러므로 기본으로 다시 돌아가는 것이 도움이 될 수 있다. 본질적으로 수행하기로 설계한 비전이 무엇인지 자신에게

물은 다음, 그것을 변동급여 시스템과 연관 짓는 것이 좋다. 비전을 성장에 두고 있다면, 이윤에 근거를 두고 있는 변동급여 시스템은 문제가 있다는 것을 알게 될 것이다. 따라서 운영 방식에서 너무 떨어지지 않은 방식으로 변동급여 시스템을 관리해야 한다.

대형 조직들은 때로 복잡한 국제 비즈니스를 전체적으로 통일하기 위해 하나의 시스템만 고집할 때가 있다. 그러나 현실적으로 그것은 불가능하다. 따라서 근본으로 돌아가서, 그러니까 하고자 하는 일의 본질로 돌아가서, 그것을 변동급여 시스템과 관련짓는 게 중요하다.

이러한 접근법을 가능한 밀접하게 시스템 적용과 결합하는 것이 우리 견해로는 변동급여 적용과 비전 사이의 연관성을 만드는 가장 효율적인 방식이다.

19. 몇 개의 명확한 전략 우선순위가 있는가?

이 질문의 키워드는 '몇 개'이다. 대형 조직의 상부에서 3개 이상의 전략 우선순위가 존재할 수 있다는 것은 이해할 만하다. 이러한 전략 우선순위 중 일부는 사업부가 성취할 필요가 있는 특정 사명을 반영할 것이다.

그러나 비즈니스의 모든 부분과 관련된 조직의 우선순위는 제한될 필요가 있다. 10개 이상의 사업부 전략 우선순위 목록은 누구든 이해하기 어렵다. 11개 항목부터 이후 언급되는 우선순위는 어떤 경우에도 전략적이지 않고 우선적이지도 않다. 5개의 우선순위도 이미 많은 편이라는 증거가 나와 있다.

20. 전략 우선순위를 모든 핵심 이해관계자에게 설득력 있고 고무적인 방식으로 전달했는가?

이 질문은 경영진이 정말로 중요한 소수의 전략 우선순위를 확인할 수 있다는 것을 가정한다. 일반적으로 그러한 우선순위가 무엇인지를 전달하는 데 많은 주의를 기울이게 된다.

질문의 목적은 우선순위의 전달 방식이 '설득력 있고 고무적인지'를 살펴보는 것이다. 여기서 '설득력'은 메시지가 한 번이 아니라 누구도 놓치는 사람이 없도록 여러 번 전달되는 것을 의미한다. 그리고 '고무적'이라는 것은 메시지가 사람들의 마음을 찌르는 것을 의미한다. 전달은 모든 사람이 납득할 수 있는 방식으로 이루어져야 한다. 사람의 이성과 마음을 둘 다 움직여야 하는 것이다.

21. 전략 우선순위가 구체적이고 실제적인 행동으로 이어졌는가?

일단 소수의 전략 우선순위가 명료하게 전달되면, 다음 단계가 필요하다. 일반적으로 전략 우선순위는 매우 광범위하게 쓰인다. 전략 우선순위를 말하기 위해 사용하는 표현도 그만큼 다양하다. 전략적인 배치, 꼭 이겨야 하는 전투 등등. 이것은 좀 더 구체적인 행동 계획을 수립하기 위한 훌륭한 시작점이기도 하다. 또한 광범위한 가운데서 전략 우선순위를 정하는 것은 많은 노력을 필요로 하지만, 구체적인 행동으로 이어지게 하기 위해서는 반드시 필요한 방법이다.

22. 핵심적인 혁신을 위한 프로그램이 명확하게 짜여 있는가?

어떤 조직이든 혁신은 필수적이다. 혁신은 전진적인 활동이며, 따라서 그것을 하는 데는 전진적 커뮤니케이션이 필요하다. 비즈니스 구성원들에게 혁신 프로그램에 관한 지식은 중요하다. 이것은 인재들이 비즈니스를 총괄적으로 하기 위해 새로운 중요 직업으로 나아가고 탐색하도록 도와준다. 또한 인재들로 구성된 팀, 많은 경우에 경계를 넘는 팀의 형성을 가능하게 해준다.

23. 비즈니스의 목표와 계획에 구성원들의 포부가 충분히 담겨 있는가?

이 질문에 대한 답은 쉽게 할 수가 없다. 회사가 발전하는 과정에서 시기별로 구성원들의 포부는 다양하게 나타난다. 우리는 회사의 발전 단계마다 경쟁 회사를 벤치마킹하는 등 향후 진로를 찾는 데 충분한 노력이 이루어지고 있는지 측정하기 위한 시도를 한다. 주식회사의 경우, 보통 금융시장과 증권분석가가 기업평가서를 내놓아 회사가 방심하지 않도록 한다. 우리는 이것보다 오히려 고객 만족 또는 고객 불만족이 기업을 긴장하게 만드는 훨씬 더 좋은 척도가 된다고 생각한다.

24. 특정 비즈니스 활동이 끝나면 자원을 신속하고 적절하게 재배분하는 과정이 있는가?

명확한 비전과 우선순위, 훌륭한 혁신 프로그램을 가지고 있고, 스스로 쇄신하며, 정상에 서 있겠다는 야망을 가진 회사는 어떤 선택을 하든 명확하게 들어맞을 때가 많을 것이다.

모름지기 어떤 것을 선택하면 다른 것은 버려야 한다. 하지만 많은 조직에서 이러한 작업은 제대로 이루어지지 않고 있다. 다시 말해 '옛' 사업을 그대로 지속하는 상황에서 새로운 것을 하면 목록이 더 추가되는 상황이 발생하는 것이다. 이때 다행히 자원이 충분하면 옛것도 주목을 받으며 지속될 가능성이 많다.

그러나 현대 조직에서는 가장 중요한 비전을 달성하는 데 자원을 쓰는 것이 중요하다. 그렇다고 반드시 구조조정을 해야 한다는 얘기는 아니다. '옛' 사업을 계속하는 많은 사람들은 자신들의 기술과 역량을 다른 프로젝트에 쓰고 적용할 준비를 해야 한다. 그런데 새로운 기술과 역량을 고양하기 위해서는 훈련이 필요하다.

25. 목표와 업무 계획은 전략 우선순위대로 정렬되어 있는가?

21번 질문과 관련이 있는 이 질문은 조직 차원에서 더욱더 구성원의 행위와 계획에 초점을 맞추고 있다. 21번 질문과 관련된 대부분의 것들이 역시 이 질문에 적용된다. 게다가 이 질문은 개인적 목표와 작업 계획이 전략 우선순위와 연결된 정도를 측정한다.

26. 조직 구조는 전략 우선순위에 맞게 정렬되어 있는가?

전략을 변경할 때, 재검토하고 연결해서 고려할 중요한 부분은 바로 조직 구조이다. 이것은 시의적절하고 실용적인 방식으로 이루어질 필요가 있다. 오늘날 많은 대형 조직들의 경우, 하나의 단순한 조직 설계 원칙을 전체 조직에 적용하는 게 현실적으로 가능하지 않다. 같은 회사에서 어떤 사업부는 다른 사업부와 비교해 다른 방식으로 구조화되어야 하기 때문이다.

세계적인 거대 기업에서 매트릭스 설정은 거의 피할 수가 없다. 어떤 솔루션이 될지라도 조직 구조는 비즈니스 우선순위를 반영할 필요가 있다. 예를 들어 네슬레가 네스프레소 사업에 대해 세계적으로 하나의 브랜드와 하나의 접근법을 적용함으로써 높은 성과를 이룰 수 있는 글로벌 비즈니스로 본다면, 네스프레소는 네스프레소의 이윤과 손실 책임을 맡는 세계적인 팀에 의해 관리되어야 할 것이다. 만일 세계 여러 나라에서 이루어지는 네스프레소 사업을 세계적인 기준이 아닌 특정 국가에서 정한 우선순위에 따라 운영한다면 실적은 제대로 나오지 않을 확률이 높다.

그러므로 우리가 말하고자 하는 요점은 "상황이 따라 다르게 전개될 수 있다"는 것이다. 독단적인 접근을 피하고, 전략 뒤에 조직 구조가 있다는 것을 명심하라. 전략을 제대로 전달하기 위해서는 장애물은 신속히 제거해야 한다.

27. 업무 프로세스는 전략 우선순위에 맞게 정렬되어 있는가?

이 질문을 명확히 하기 위해 네스프레소의 예를 다시 들어보자. 네스프레소 브랜드 관리는 분명 세계적으로 이루어져야 한다. 재료와 공급 차원에서 이것은 불문율이다. 세계적으로 동일한 원칙이 적용되어야 하는 것이다.

하지만 고객을 유치하거나 늘리는 차원에서는 현지의 특수한 사정에 따라 영업 부서를 조직해야 한다. 또다시 강조할 요점은 "상황에 따라 다르게 전개될 수 있다"는 사실이다.

28. 한 매니저당 평균적으로 관리하는 인원이 최소 6명인가?

여기서 관리 범위란 한 명의 매니저에게 보고하는 사람의 수를 말한다. 평균 관리 범위는 조직 안의 모든 매니저에 대해 이러한 계산법을 적용함으로써 구할 수 있다. 낮은 성장률을 나타내는 조직은 평균 관리 범위가 좁다. 즉 3명이나 4명, 또는 훨씬 좁은 범위를 가진다는 것을 연구를 통해 알 수 있다. 반면에 성과가 높은 회사는 매니저당 평균 20명에게 직접 보고를 받음으로써 관리 범위가 훨씬 더 넓다. 그래서 우리는 최소 6명의 평균 관리 범위를 선정했다.

이 질문은 조직의 효율성을 측정하는 것이다. 관리 범위는 또한 조직 안 매니저의 수를 위해 중요하다. 만일 어떤 회사가 총 1,000명의 운영자와 평균 5의 관리 범위를 가진다면, 200명의 라인 매니저가 필요할 것이다. 그 200명을 관리하기 위해 40명의 중간 매니저가 필요할 것이며, 그들은 8명의 상급 매니저에게 보고할 것이다. 그러므로 총 3단계의 관리 계층이 존재하게 될 것이다. 동일 회사가 평균 10의 관리 범위를 가진다면, 100명의 매니저가 필요할 것이고, 그 100명을 관리하는 10명의 상급 매니저가 있게 될 것이다. 이때는 총 2단계의 관리 계층이 존재하게 되는 것이다.

29. 비교 대상이 되는 조직보다 매니저당 평균 수익(생산)이 높은가?

이 질문은 생산성을 조사하는 것이다. 매니저당 수익은 회사에 따라 크게 다를 수 있으므로, 단순 비교하는 것은 유용하지 않다. 다만 하나의 부문 또는 업계에 따른 회사 간 비교는 매우 도움이 될 것이다. 그리고 의미도 크다. 같은 회사 안에서 비교하는 것은 이보다 훨씬 더 간단하다.

30. 비교 대상이 되는 조직보다 관리 계층의 수가 적은가?

질문 28번에서 언급했던 것을 토대로 관리 계층의 수를 비교 대상이 되는 조직과 비교함으로써 조직의 효율성을 깊이 있게 조사할 수 있다. 관리 계층이 많으면 많을수록 비용이 많이 들 뿐만 아니라, 불필요한 관리를 하게 되고 조직이 발전하는 데 방해가 된다. 그러한 이유에서 이 질문을 하게 되었다. 알다시피 관리 계층이 너무 많은 조직은 의사 결정이 늦어지는데다 제대로 결정이 내려지지 않는 경향이 있다.

31. 다기능 팀은 우선적으로 추진해야 하는 활동에 적합한가?

다양한 부문으로부터 사람들을 끌어와 결성한 다기능 팀은 전략적인 도전을 수행하는 데 적합하다. 실제로 세계적인 거대 기업에서 다기능 팀은 필수적이다. 복합적인 기능보다 단순하고 전문화된 기능을 강조하는 회사는 우선순위 과제를 효율적으로 다룰 수 있는 팀을 구성하기가 점점 더 어려워진다는 사실을 알게 될 것이다.

32. 팀은 리드 그룹이 승인한 명확한 개요서를 가지고 있는가?

효율적으로 활동하는 팀을 만들려면 명확하고 도전적인 방향 제시가 필요하다. 따라서 리드 그룹은 새로운 팀의 구성원들에게 지향하는 바를 명료하게 제공해야 한다. 이를 위해 우리는 새로운 팀과 프로젝트를 위해 리드 그룹이 개요서를 승인하고 새로운 팀에게 맡겨진 다른 활동을 중지시켜 주는 배려가 필요하다고 믿는다. 사실상 대다수 큰 조직에서 운영 중인 '비공식' 팀과 프로젝트의 수는 깜짝 놀랄 만한 수준이다.

33. 팀은 정말 자율적으로 업무를 관리하는가?

팀은 팀 안에서 그들 자신의 작업과 내부 과정들을 관리할 수 있어야 한다. 때문에 관련 기술과 역량을 가진 구성원들로 이루어져야 한다. 팀의 크기는 적당해야 하며, 구성원도 적절하게 배치되어 있어야 한다. 광범위한 조직은 소규모 팀의 작업을 지원할 필요가 있으며, 이들 작업의 중요성을 인식해야 한다.

34. 팀은 과제를 수행하기 위한 적합한 도구를 가지고 있는가?

팀은 작업 수행에 필요한 훈련과 기술을 제공받아야 한다. 정보와 정보 시스템을 이용해야 하고, 만일 이것이 없으면 이러한 영역에서 적절한 지원과 기타 물적 자원을 지원받아야 한다.

35. 팀워크를 다져 주는 공식적인 훈련이 있는가?

대부분의 경우, 팀은 작업을 시작할 때 훈련받을 시간이 없다. 때로 작업 단계에서 훈련 시간이 없다고 느낄 때가 있는데, 바로 이것이 문제다. 훈련은 다른 어떤 작업보다 중요하다. 특히 팀원의 정신을 고취시키는 훈련을 해야 한다면, 작업 시작 단계에서 훈련을 하는 것이 효율적이다.

어떤 연구 개발 조직에서 새 프로젝트 시작과 함께 팀원들에게 관리 기술을 훈련시킨다고 가정해 보자. 훈련은 먼저 개요를 명확히 하고, 그것을 세부적인 프로젝트에서 성취하도록 하는 방식으로 이루어진다. 그리고 훈련의 일부분으로 핵심 이해관계자 관리를 위한 계획이 또 하나의 과제로 진행된다.

각각 새로운 팀이 같은 훈련에 참가한다는 것은 팀들이 비슷한 기술과 프로젝트 관리에 대한 공통 접근을 개발한다는 것을 의미한다. 그 결과 프로젝트 관리 능력은 그 어느 때보다 높은 수준으로 향상될 것이다.

36. 필수적인 팀 기술과 역량을 체계적으로 재검토하는 과정이 있는가?

팀의 과제(작업 완료, 활동 조정, 또는 다른 팀을 지원 등)에 따라 어떤 기술과 역량이 필요할지 결정해야 한다. 때로 이것은 계획성이 없는 방식으로 이루어진다. 기술과 역량을 탐색하고 결정하는 데 좀 더 엄격한 접근은 추후 작업 단계에서 팀이 기술과 역량의 한계에 직면하게 되는 위험을 막아준다.

37. 이기기 위한 행동을 독려하는 리더십 역량 모델이 있는가?

질문 36번 외에도 역량 모델의 가용성은 필요한 기술과 역량을 정의하는 데 많은 도움이 된다. 이 모델은 긍정적인 것으로 간주되는 행동에 대한 지침을 제공한다. 또한 일반적으로 기대되는 팀의 공동 작업 방식과 팀의 일부로서 개인의 역할에 대해 명확하게 제시한다. 그리고 팀 리더로부터 기대할 수 있는 것도 분명하게 해준다. 게다가 이것은 '이기기 위한 행동'으로 간주되는 것을 나타내는 중요한 표시이기도 하다.

38. 대다수 사람들이 '인재 개발'에 대한 정의를 명확히 알고 있는가?

모든 조직은 일종의 '인재 개발' 접근법을 가지고 있다고 할 수 있다. 직원이 겨우 열 명밖에 안 되는 조직이라도 재능을 가진 사원이나 능력 있는 신입사원을 붙잡는 데는 인재 개발 접근법이 필요하기 때문이다. 만일 조직이 미래 지향적인 직무를 제공하지 못한다면, 인재는 조직에 오래 머물지 않을 것이다.

더구나 조직이 인재에게 궁극적으로 높은 수준의 책임을 요구하는 직무를 제공하는 문제를 고려조차 하지 않을 때, 더 나쁜 상황이 발생한다. 그야말로 회사의 '인재 개발' 접근법을 개선하지 않으면 똑같은 상황이 벌어질 것이다.

여기서 요점은 이른바 인재 개발은 어떤 조직에서도 필요하며, 실질적으로 이루어져야 한다는 것이다. 대형 조직에서는 어떤 시점에 좀 더 명확한 '인재 개발'을 바라는 욕구가 일어나게 될 것이다. 대형 조직은 또한 잠재적 신입 사원들에게 그들이 재능을 개발하는 동안 어떤 기회를 얻게 될 것인지 설명할 수 있어야 한다.

이 질문은 다양한 조직에 대한 하나의 '텍스트북'과 같은 정의를 바라는 것이 아니다. 모든 조직은 인재 개발 의미를 명확히 하기 위한 자신만의 방법을 찾아야 한다. 조직의 크기에 관계없이 이것에 시간과 노력을 들이는 것은 가치 있는 일이다.

39. 개인의 성과 향상을 위해 라인 매니저가 어떤 지원을 할 수 있는지 명확한가?

라인 매니저는 개인과 조직의 업무 사이를 맺어주는 핵심 요소이다. 직업혁신 그룹은 리더와 팀 구성원 사이의 대화가 중요한 매체라는 것을 지적한 바 있다. 우리는 많은 논제들이 그러한 대화 안에서 다루어지기를 기대한다.

이 점에 대해 좀 더 언급한다면, 현재 작업에서 명확하게 기대하는 것, 작업에 대한 피드백, 미래 개발, 보상, 현재 직무에 대한 기술 개발, 근로 생활의 균형과 작업량 등등, 직업혁신 그룹은 이러한 주제와 관련된 대화를 진전시킬 기회가 충분하다는 점을 밝혀냈다. 대화가 정직하고 개인적이며, 건설적이고 미래 지향적일수록 더욱 효과가 클 것이다. 그리고 이것을 올바르게 하는 것은 리더와 직원 사이에 신뢰를 높이고 모두를 고무시켜 줄 것이다.

40. 명확하고 융통성 있는 개인 목표가 성취될 것으로 보이는가?

질문 25번은 목표와 전략 우선순위의 연결을 다룬다. 여기서는 그 목표가 그 자체로 공정한 것인지를 검토한다. 물론 공정성에 대한 평가는 항상 주관적일 수밖에 없다.

목표를 문서화하는 것은 유용하고 권장할 만하지만, 그것이 성취 가능한 목표라는 것을 보여주는 표시는 아니다. 우리의 경험상 이것을 올바르게 하는 것은 많은 노력을 필요로 하며, 따라서 시간 소모가 크다. 실제로 목표를 직원들에게 적절하고 명확하게 이루도록 하기 위해서는 적어도 몇 번의 의미 있는 논의가 필요하다.

하지만 중요한 것은 시간을 잘 활용하는 것이다. 회사가 개인으로부터 무엇을 기대할 수 있는지, 그리고 개인이 기대하는 회사의 지원이 무엇인지에 대해 명확히 하는 것은 성공적인 노사 관계의 기초가 된다.

41. '코칭'이 어떻게 더 나은 리더십 스타일에 기여할 수 있는지 정확하게 알려져 있는가?

코칭이 리더십 스타일을 어떻게 개선시킬 수 있는지에 대해 조직이 명확한 견해를 가지는 것이 중요하다. 몇 가지 핵심 요소들은 살

퍼보아야 한다.

첫 번째는 개인 코칭 역량 개발 차원이다. 이것은 개인에게 매우 중요한 일인데, 라인 매니저가 다른 사람에 대한 코칭을 향상시키도록 도울 것이다.

두 번째는 조직 안의 광범위한 사람들을 위한 코칭 능력이 개발되고 향상된다면, 그것은 전체적으로 조직 풍토에 영향을 미치게 될 것이다. 코칭 능력은 리더십의 핵심 기본 원칙이 된다.

세 번째는 코칭 문화에 관한 문제이다.

42. 조직은 고무적인 코칭 문화를 가지고 있는가?

41번 질문에서 언급한 내용에 기초하면, 코칭 문화 수립은 상당한 투자와 시간을 필요로 한다. 더욱이 이것이 적절히 이루어진다면, 확실히 고무적인 코칭 문화가 형성될 것이다. 이러한 문화에서 사람들은 더욱 일을 잘하기 위해 타인을 돕는 일에 힘쓰는 게 중요하다는 사실을 알게 된다. 더욱 일을 잘하는 것은 개인과 조직 모두에게 좋다. 직원 간에 서로 신뢰를 할 뿐 아니라 팀워크도 단단해진다.

43. 이사회 구성원들과 기타 핵심 요원들이 코칭 훈련을 받고 있는가?

여기서 검토하고자 하는 것은 최상부 리더십이 코칭을 받고 있는가이다. 질문 41번과 42번에서 기술한 것처럼 회사는 개인 코칭 역량 개발, 리더십의 핵심 역량으로서 코칭 능력, 그리고 코칭 문화 수립에 투자하기를 바라며, 최상부 팀은 이러한 과정에 능동적으로 참여해야 한다. 리더는 그들이 다른 사람들에게 바라는 행동을 스스로 수행해야 한다. 훈련에 참여하는 것은 이러한 책임을 보여주는 좋은 방법이다.

44. 리더의 코칭 형식이 전반적으로 바람직해 보이는가?

우리는 어떤 곳을 갈 때 '그곳의 분위기'라는 말을 종종 사용한다. 회사에도 이 말이 똑같이 적용될 때가 있다. 어떤 회사의 응접실에 들어섰을 때 그때까지 인식하지 못했던 것들을 확연히 깨달을 때가 있다. 응접실의 크기, 색깔, 프런트에서 안내를 받는 방식 등등은 '그곳의 분위기'에 기여하는 모든 정보들이다.

리더십 스타일도 다르지 않다. 처음 몇 개의 인상들이 종종 '그 사람의 리더십'을 규정한다. 물론 첫 인상만으로는 리더십 스타일을 충분히 평가할 수는 없지만, 리더십 스타일에 대한 느낌은 대략 알 수 있다.

45. 조직의 관리 체계를 측정하기 위한 여론조사가 실시되고 있는가?

조직 풍토를 더욱 정확하게 측정할 수 있는 도구 중 하나가 조사이다. 많은 회사들이 정기적인 조사를 수행하는 것도 이 때문이다. 진전된 정도를 적절히 측정할 수 있는 것은 바로 일련의 조사를 통해서이다. 조직 풍토는 개별적인 조사를 통해 알 수 있다. 비록 우리가 조사한 바로는 많은 회사가 조사를 한다는 대답을 했지만, 여전히 체계적인 방식으로 조사를 하지 않는 회사들이 많다는 것도 알게 되었다.

46. 성공은 축하받고 있는가?

성공을 축하하는 것은 정상적인 일이다. 그러나 대부분의 조직에서는 성공에 대한 축하가 자연스럽게 이루어지지 않고 있으며, 따라서 이를 자극할 필요가 있다는 것 깨달았다. 성공하는 회사, 프로젝트, 또는 팀원들은 동료들과 함께 성공의 감정을 나누는 일이 얼마나 크게 다음 일을 할 때 동기 부여가 되는지를 잘 알고 있다.

이 질문을 통해 우리는 조직 문화가 건설적이고 긍정적인 방식으로 성공과 실패를 다루는지를 알게 되었다. 실패를 다루는 것 또한 성공을 축하하는 것만큼이나 중요하다.

47. 사람들이 자신의 성과가 인정받는다고 느끼는가?

질문 44번에서 '그곳의 분위기'에 관해 말한 것을 여기서도 적용할 수 있다. 이 질문은 사람들과 그들의 성과 인정에 대한 조직의 일반적 인식에 관해 그 답을 구하고 있다. 이 질문에 긍정적인 답을 하지 못하는 조직이라면 문제가 있다. 훌륭한 직무, 명확한 책임, 경쟁적 보상 패키지 등 많은 것들이 적합할 수 있어도 성과 인정을 하지 않는다거나 적어도 그것을 사람들이 느끼지 못한다면, 몸과 마음을 바쳐 참여하지는 않을 것이다.

48. 조직에 손실을 가져다주는 직원들에 대한 기피 현상이 있는가?

이 질문에 그렇다고 대답하는 것은 정확히 전체적 인력 손실뿐만 아니라 재산상의 손실까지 명확하게 측정할 수 있는 시스템이 작동한다는 것을 의미한다.

유니레버 아이스크림 회사에서는 퇴사한 매니저들의 이름을 적은 보고서를 매달 작성했다. 그리고 기타 인재 경영 과정에서 이 보고서를 이용할 수 있도록 했다. 보고서는 누가 꾸준하게 높은 성과를 보여주었는지, 누가 높은 가능성을 지닌 것으로 간주되었는지를 보여주었다. 또한 정확하고 솔직하게 조사한 점도 특기할 만한 일이다. 여기서 중요한 사실은 이 보고서가 40개국의 모든 아이스크림 제조회사로 이직한 매니저들에 관한 정보를 포함하고 있었다는 점이다.

49. 조직은 적합한 사람들을 끌어당길 수 있는가?

1990년대 후반부터 '인재 전쟁'에 대한 많은 논의들이 있었다. 신자유주의 경제의 물결 속에서 전통적인 회사들이 과연 좋은 인재를 놓치지 않을 만큼 매력적인가에 대한 의문이 제기되었다. 근래에 들어 신자유주의 경제가 중대한 실패를 맞았고 처음과 같은 눈부신 성공을 계속할 수 없는데도 전통적 회사들이 여전히 매력적인지에 대한 문제는 여전히 남아 있다.

'인재 전쟁'은 결코 끝난 것이 아니다. 신자유주의 경제 아래에서도 오늘날의 젊은 인재들은 세계적인 거대 기업들이 가장 매력적인 작업 환경을 가지고 있다는 것을 당연하게 받아들이지 않는다. 많은 이들이 정부, UN, EU, 또는 유사 국제기관에서 일하기 위해 회사를 떠나거나 독립해서 자신의 사업을 시작한다.

이 질문은 주의 깊게 고려해야 한다. 채용 박람회나 회사 프레젠테이션에 바라는 인재가 거의 참여하지 않는다면, 그 회사는 오래전부터 많은 다른 것들을 계속 잘못해 온 것이다. 이것은 열악한 재정이나 구조조정, 스캔들, 또는 회사 인지도에 영향을 끼칠 수 있는 인재 경영 문제와 관련이 있을 수 있다.

50. 이 조직은 일하기에 좋은 곳인가?

어떤 조직이 좋은 인재를 끌어당길 수 있을 만큼 매력적이라고 가정해 보자. 일단 그러한 조직에 인재가 들어가면, 그들은 조직과 일상 근무, 라인 매니저와 그들이 속한 팀에 참여할 것이다. 그들이 이러한 참여를 한다면, 매우 중요한 이점 두 가지가 생긴다.

첫째, 그들은 일을 즐기며, 아마도 기꺼이 임무를 초월해 일해 나갈 것이다.

둘째, 그들은 조직에 만족할 것이다. 이러한 참여는 작업하기 좋은 조직에서 더 많이 발생할 것이다.

반대로 조직이 일하기에 좋은 장소가 아니라서 인재가 참여하기를 꺼려한다면 어떻게 될까?

첫째, 사람들은 전력을 다하지 않을 것이고, 단지 요청받은 일만 할 것이다.

둘째, 사람들은 기회가 날 때마다 퇴직하는 문제를 진지하게 고민할 것이다.

51. 목표와 목표 설정 과정이 긍정적 에너지를 낳고 있는가?

목표와 목표 설정은 되풀이되고 있는 주제이다. 첫째, 조직의 비전과 전략은 개인의 작업 계획과 목표를 통해 구체적으로 이루어진다. 둘째, 일상적인 코칭의 일부분으로서 목표가 신축성이 있지만 성취할 수 있는 것이라고 가정하면, 개인이 어떻게 그들의 성과를 향상시킬 수 있을지 질문할 필요가 있다. 셋째, 변동급여를 결정하

기 위한 기초로서 목표에 대한 성과를 평가할 필요가 있을 때 목표
는 또다시 갑자기 생겨난다. 목표는 1년 내내 중요한 역할을 하므로
그것을 올바르게 세우는 것은 지극히 중요하다. '불가능한' 목표가
부정적 에너지를 낳은 반면, 현실적인 목표는 긍정적 에너지의 원천
이 될 수 있다.

52. 지난 3년 동안 목표를 2회 이상 성취했는가?

이것은 항상 긍정적인 응답을 얻지는 못할 질문이다. 우리는 비즈
니스 결과가 보통 변동급여에 영향을 끼치는 핵심 척도 중 하나라고
주장한다. 아울러 목표 설정이 공정한 방식으로 이루어질 것을 주장
한다. 이런 배경에서 비즈니스 결과가 세 번 중 두 번 이상 목표를
달성하지 못했다면, 심각한 문제가 있는 것이다. 물론 일반적인 경
제 상황을 비난할 수는 없지만, 목표 미달성에는 많은 이유가 있을
것이다. 일차적으로 목표를 이루지 못한 이유는 조직 자체 내에서
찾아야 한다.

53. 지난 3년 동안 변동급여는 최소 '평균' 수준이었는가?

질문 52번이 조직 수준에서 성공 정도를 검토하는 것이라면, 이
질문은 개인 수준에 더욱 초점을 맞춘 것이다. 변동급여란 목표가
충족된다면 주어지는 지불금 또는 보너스를 말한다. 성과가 좋고,
목표를 달성했을 때 '초과 성취자'에게 높은 보너스를 주고, '미달
성취자'에게는 '평균' 보너스보다 낮게 지급하도록 한다.

예를 들어 특정 그룹의 어떤 사람들에 대한 '평균' 보너스가 10퍼
센트고, 최소는 0, 그리고 최대는 20퍼센트다. 우리는 어떤 조직에

서 3년 동안에 걸친 변동급여가 적어도 '평균' 수준, 즉 이 예에서는 10퍼센트가 되어야 한다고 생각한다. 어떤 해 평균은 더 낮거나 더 높을 수도 있지만, 적어도 10퍼센트의 평균을 기대한다.

질문 52번과 달리 우리는 변동급여를 일에 대한 성취만을 놓고 판단해야 한다고 생각한다. 다시 말해 변동급여에 대해 이야기할 때는 개인적인 목표와 어쩌면 다른 요소들이 포함된다는 것을 인식할 필요가 있다.

54. 일반적으로 많은 사람들이 결과를 공유하고 있는가?

성과 개선 작업을 시작하려면 먼저 피드백이 중요하다. 피드백은 다양한 방식으로 제공될 수 있지만, 우리는 1대 1 피드백이 가장 효율적이라고 믿는다. 한 명의 리더가 많은 사람들에게 보낸 이메일은 효과가 이보다 훨씬 덜하지만, 다양한 그룹의 사람들에게 동일한 정보를 제공한다는 측면에서는 의의가 있다.

1대 1 피드백 중간에 있는 작업 방식, 다른 한편으로는 다양한 그룹의 사람들에 대한 커뮤니케이션은 사람들이 참석하고, 성과와 결과를 업데이트하기 위해 리더가 참석한 정기 모임을 포함한다. 정기 총회가 이러한 모임의 특징이지만, 다른 주제 또는 문제도 역시 제기될 수 있다. 그러한 모임은 참석한 사람들이 질문할 수 있는 기회를 제공한다.

55. 현금 지급과 별도의 보상을 받고 있는가?

질문 47번에서 직원들의 참여를 유도하는 인정의 중요성을 이미 언급한 적이 있다. 직원이 탁월한 성과를 냈다면 충분한 보너스를 받는 것이 당연하다. 이에 못지않게 중요한 것은 성취해 온 기타 활동, 특히 많은 직원들을 위해 공개적으로 활동한 것에 대해 인정을 받는 것이다.

성취한 일에 대해 감사를 표시하는 방법은 다양하다. 훌륭히 직무를 수행한 직원 중 한 명을 큰 모임에서 호명해 칭찬하는 것처럼 간단한 방법도 있다. 또는 서비스 수준을 상당히 올린 물류 부서를 사보에 실어 많은 사람들에게 알릴 수도 있다. 혹은 뛰어난 실력으로 회사의 가치를 올려준 팀에 해마다 정기적으로 시상을 할 수도 있다.

56. 근무 시간은 조직 문화를 이해하는 데 충분한가?

근무 시간은 이 책 전체를 통해 가장 중요하게 다루고 있는 문제다. 성공적인 회사는 리더가 조직에 오래 머문다는 점을 연구를 통해 알 수 있다. 이에 관해 짐 콜린스Jim Collins는 자신의 책《좋은 기업을 넘어 위대한 기업으로 Good to Great》에서 강조한 적이 있다. 대다수 대형 조직들이 이것과 관련해 많은 노력을 하고 있지만, 내부적으로는 매니저들의 이직률이 높은 편이다.

유럽의 제조 회사에서 마케팅 부문의 평균 근무 연수는 2년 이하이다. 이는 마케팅 매니저가 입사해서 시장 연구 자료를 분석하고 한두 가지 제품 포트폴리오를 제안한 후 착수 준비를 하고 나서 다른 직장으로 옮겨간다는 것을 의미한다. 새로운 마케팅 매니저가 들어오면 그 과정이 다시금 반복된다. 그들 모두는 한결같이 모종의 변화를 추구하는데, 어떤 것은 성공하고 또 어떤 것은 실패하거나 이루지 못한 채 이직해 버린다. 그런데도 새로운 마케팅 매니저는

꿋꿋하게 변화를 원하는 것이다. 우스꽝스럽게 들릴지 모르지만 그 것이 현실이다.

이렇게 이직률이 높은 곳에서 '조직 문화'를 수립하는 것은 불가 능한 일이다. 사람들은 그들이 추진한 일의 효과를 보기도 전에 직 장을 떠나고 있다. 그렇다고 여기서 이직하는 사람들에게 가능한 한 오래 한자리를 지키라고 강변할 생각은 없다. 다만 균형을 잡으라는 것이다.

3장

인재 경영의 기술

인재를 끌어당기는 리더십

• 조직 안의 모든 구성원들에게 비전에 대한 인식을 심어주는 고무적인 이벤트가 있는가?

• 리더는 명확한 비전을 가지고 있는가?

• 비즈니스의 핵심 우선순위가 무엇인지 명확히 알고 있는가?

• 우선순위에 따른 전략 실행을 가속화시키는 리더십 이벤트가 있는가?

• 누가 무엇에 대해 책임을 지는지 명확하게 전달되었는가?

• 과제와 책임을 명확하게 위임할 수 있는 방법이 있는가?

여기에서는 위에서 언급한 체크리스트의 9가지 주제에 대해 더 세세히 살펴볼 것이다. 그리고 9가지 주제 내용을 보강하는 56개의 질문들에 대한 간단한 설명도 덧붙일 것이다. 또한 중요한 점들을 설명하기 위해 우리는 몇몇 연구에 대한 간단하고 실용적인 사례를 정리해놓았다.

리더십은 매우 빈번하게 사용되는 말 중 하나로, 수많은 의미들을 지니고 있어서 이제는 거의 일상어처럼 되었다. 어떤 조직에서든 리더십이 중요하다는 것쯤은 누구나 알고 있다. 인재 경영을 위한 리더십과 리더십 개발이 없다면 높은 성과를 내는 조직은 기대할 수 없기 때문이다.

그러면 '인재를 끌어당기는 리더십'은 어떻게 발휘해야 할까? 우선 지도자는 자신이 함께 일하는 사람들을 결집하기 위해 에너지를 더욱 쏟아야 한다. 기존 리더십 역량 위에 더 심오한 차원의 리더십을 발휘해야 하는 것이다. 모든 인재들이 연대성을 가지고 적극적으로 참여 할 수 있도록 해야 한다. 이는 지속적으로 추구해야 할 미래의 핵심적인 도전 과제이기도 하다.

이에 대해 좀 더 상세히 설명하기 전에 먼저 '인재를 끌어당기는 리더십'이 무엇인지 알아보자.

리더는 다양한 리더십을 효과적으로 사용한다

위에서 말한 한 층 더 심화된 리더십은 전혀 새로운 리더십 스타일이 아니다. 민주적, 선도적, 권위적, 강압적 등의 다양한 리더십 스타일이 있고, 이러한 다양한 스타일의 리더십은 조직 분위기에 큰 영향을 끼친다. 또한 상황이나 구체적인 업무 환경에 따라 리더는 다양한 리더십 스타일을 보여줄 수 있다.

리더는 다양한 리더십 스타일을 효과적으로 사용해야 한다. 효과가 좋은 리더십 스타일이 있는 반면, 효과가 적은 스타일도 있다. 예를 들어, 강압적인 리더십 스타일은 조직의 유대감을 조성하는 데는 그다지 유용하지 않을 것이다. 반면에 권위적인 리더십 스타일은 일부 조직에서 효과가 있을 수 있고, 다른 조직에서는 효과가 적을 수 있다.

사람을 결집하는 리더십은 CEO에게만 볼 수 있는 리더십이 아니다. 이는 조직의 다양한 계층에서 나타나는 리더십이다. "리더십은 최고의 지위에서 비롯된다"는 말이 있지만 꼭 그렇지만은 않은 것이다. 그러므로 조직의 다양한 계층에서 적절한 리더십을 세우기 위한 구조적 접근이 항상 수반되어야 한다.

실제로 세계적인 거대 기업들이 어떤 다양한 방식으로 리더십을 구사하는지 일일이 확인하기는 어렵다. 그러나 저마다 자신의 회사에 맞는 다양한 리더십을 효과적으로 구사하고 있다는 사실은 알 수 있다.

■ 사례 연구 ■

위대한 리더 만들기

〈포춘〉지가 선정한 30대 기업 안에 드는 한 중공업 회사에서 세계적인 리더를 필요로 했다. 이 회사는 미국뿐만 아니라 중국과 인도 같은 신흥 시장에서 폭발적인 성장세를 기록하며 한해 총 수익이 약 300억 달러에 달했다.

그런데 이 회사는 세계적인 기업으로서 책임감과 일관성을 가진 리더십 기술의 발전이 필요하다는 것을 통감했다. 그래서 임원과 매니저, 그리고 감독자에게 각각 초점을 맞춘 세 가지 리더십 역량 모델을 개발했다.

각 역량 모델은 그 수준과 회사에 미치는 영향을 근거로 한 핵심 기대 행동 세트를 가지고 있었다. 모델들은 세 가지 카테고리, 즉 비전(전략 개발 강조), 실행(즉시 실행에 초점), 유산(미래를 위한 능력 개발) 등으로 모아졌다. 그 후 이 모델은 맞춤 리더십 개발 프로그램을 만드는 데 사용되었다.

'위대한 리더 만들기'라는 제목을 단 이 프로그램은 미국 전체, 영국을 포함한 유럽, 오스트레일리아, 싱가포르, 러시아, 그리고 중국에서 실행되었다. 실행 전략은 상위 임원들을 프로그램에 빨리 투입하는 것과, 이후 하위 직원까지 단계적인 행동을 실천하도록 하는 것이었다. 이것은 8만 5,000명의 회사 직원에게 영향을 줄 수 있는 유일한 방법이었기 때문에 속도는 결정적인 변수였다. 이때 CEO를 비롯해 모든 그룹 사장들, 대다수 부사장들과 부서장들이 참석했다. 그들 모두 감독자에 의해 재검토된 개발계획들을 창출했으며, 현재 실행과정에 있다. 회사 매니저들과 감독자들도 이 프로그램에 참석하는 중이다.

프로그램 결과, 회사 안에서는 새로운 언어가 만들어졌다. 처음으로 사람들은 자신들이 사용하는 리더십 스타일, 자신들이 만들어내는 회사의 문화, 그리고 하위 리더 개발을 위해 어느 정도 중재할 필요성이 있는지에 관해 이야기하게 되었다.

많은 기업에서 이른바 유명 CEO의 출현이 반드시 더 나은 리더십을 발휘할 것이라는 기대는 버려야 한다. 만일 이전에 얻은 평판을 등에 업고서 새롭게 리더로 뽑혔다면, 기대만큼의 역할을 못해낼 수도 있다. 따라서 어떤 경우든 리더를 뽑기 전에 리더십에 대한 분석을 항상 완벽하게 해야 한다. 이것은 CEO를 뽑을 때도 마찬가지다. 다른 곳에서 훌륭한 평판을 얻은 유명 CEO가 당신의 조직에도 적합한 인물이 될 가능성은 비교적 낮기 때문이다. 또한 역량과 기술면에서 다양한 조건들을 요구하는 새로운 환경에 유명 CEO를 투입하는 것은 신임 CEO에게 숨겨진 자만심을 남용할 기회를 제공하는 일이 될 수도 있다. 실제로 제대로 된 헤드헌터는 유명 CEO의 뒤에 숨겨진 '마초' 기질이 작용하지 않는지를 확인하고, 차라리 건전한 사고를 지닌 팀플레이어를 찾는 경우가 많다.

인재를 끌어당기는 리더십은 회사의 분위기나 조직 문화에 좌우되지 않는다. 물론 주위에 사람들을 결집하는 리더들은 작업 환경에 강력한 영향을 직접 미칠 것이고, 궁극적으로 그들이 속한 더 넓은 조직에 영향을 미칠 것이다. 그러나 인재를 끌어당기는 리더십은 본래 어떤 일이 일어나도록 하기 위해 조직 안에서 리더가 하는 일, 그들이 보여주는 행동, 그리고 그들이 창조하는 연대성과 참여에 관한 것이다. 회사의 문화는 이것이 장기적으로 진행되어야 형성된다.

모든 인재를 이끌어라

우리는 리더란 그들이 함께 일하고 있는 사람들을 결집하기 위해 더 많은 에너지를 쏟아야 한다는 것을 이미 강조한 바 있다. 피터 드러커는 육체 노동자에서 지식 노동자로의 이동을 이야기하면서 이 점을 격조 있게 주장했다. 전 세계 교육 수준의 향상으로, 노동 인력에는 거의 한계가 없다. 드러커는 조직이 인재를 100퍼센트 활용하고 있는지, 그리고 사람들로 하여금 능력을 최대로 활용할 수 있도록 자극하는 작업 방식을 제공하고 있는지 물으며, 답은 아니라고 말한다. 또한 그는 앞으로 리더십의 가장 중요한 과제 중 하나는 조직 안에 여전히 감추어져 있는 인간의 가능성을 개발하는 새로운 방법을 찾는 것이라고 조언한다.

20세기의 마지막 10년 동안 비즈니스 인재 경영 리더들은 성과 관리와 다양한 성과 관리 도구에 주목했다. 그들은 업무에 대한 상호 기대를 명확히 하고 더 높은 생산 수준을 창조하는 것을 목표로 삼았다. 우리의 리더들은 1990년대 후반 신경제와 수많은 IT 산업의 창업으로 이 점을 부분적으로 이해한 것처럼 보인다. 그러나 아직도 우리의 리더들은 이 점을 충분히 이해하지는 못한 것 같다. 비록 이제는 IT 산업의 창업이 많이 줄어들었지만, 여전히 그들의 기업가 정신은 존재한다. 그리고 소규모 사업 창업 붐이 일어나면서 정해진 근로 시간에 대한 고정관념이 깨지기 시작했다.

직업혁신 그룹의 연구는 젊은 전문가들의 노동과 직업에 대한 태도가 어떻게 변했는지, 보고서 〈물결타기*Riding the Wave*〉에 발표했다. '성과 계약' 의무는 더 잘 이해되고 있었지만, 오늘날 조직이 제공하는 노동에 대한 기대는 확실히 결정적이 되었다.

물결타기 프로젝트

직업혁신 그룹은 글로벌 회사들의 연합이며(보잉, 브리티시 텔레콤, 글락소스미스클라인, 메리어트, 노키아, 화이자, UBS 포함), 기업 문화, 목적 의식, 그리고 높은 신뢰와 함께 인재와의 '직업 파트너십' 창출을 이상으로 한다. 그들의 목표는 바람직한 회사로 보이는 것이다.

물결타기 프로젝트는 직업목표를 더 잘 이해하고 직장 경험을 알기 위해 인터넷을 통해 73개국 1,000명의 젊은 인재들을 외부 패널로 참여시켰다.

이러한 우수 인재들은 훌륭한 경험과 고용주의 신뢰에 대해 자율 경영을 제공하는 고용 관계를 확립했다.

그러나 '성과 계약'은 심각한 결함을 지닌다는 걸 알게 되었다. 회사는 젊은 전문가들이 가장 가치 있게 여기는 많은 것들을 제공하는 데 실패하고 있고, 그 결과 그들 중 40퍼센트는 2년 이내에 현재 회사를 떠날 것이라고 말했다. 단지 7퍼센트만이 5년 또는 그 이상을 머물 것으로 생각하고 있으며, 73퍼센트는 최근에 다른 곳으로 옮기기 위해 인터뷰한 적이 있었다. 그들은 자신의 직장에서 단기적으로 머물 생각을 하며, 상황에 따라 핫 트렌드에서 네트워크 기회와 기술 개발 옵션까지 더 좋은 직장 여건과 재정적인 보상, 개인적인 성장을 위해 노력한다고 말했다.

직원 유지, 고객 유지, 그리고 최종 성과를 계산해 보면 비즈니스에 미치는 잠재적인 손실은 막대하다. 이 젊은 미래의 리더 집단을 붙잡아두기를 원하는 회사는 이러한 극히 중요한 노동력에 매력적인 기업 문화, 그리고 연속된 '개발 물결'에 기반한 자기 계발 계약을 창출해야만 할 것이다.

가능하다면 이러한 물결은 초기 단계에서 국제 근무 조건을 포함시켜야 한다. 98퍼센트는 해외 근무를 기꺼이 받아들이고 있으며, 조국을 떠나 생활하는 경험이 많아질수록 그들은 더욱더 그러한 생활을 좋아하게 된다. 그들은 또한 직업 계획과 개인 능력 개발, 그리고 국내 일자리에 대한 정보를 더 많이 알기를 바란다. 그리고 그들의 바람대로 이루어진다면, 그들을 더욱 고용에 적합한 이들로 만들어줄 것이다.

더욱이 직업혁신 그룹의 연구에 따르면, 사람들을 더욱 고용에 적합한 이들로 만드는 것이 실제로 그들로 하여금 현재 고용주에게 머무르도록 한다고 한다. 회사가 취해야 할 6가지 단계에 대한 개론에서 이 보고서는 최상의 직업 능력 개발을 하기를 바라며, 큰 회사의 고용주들이 생존하기 위해서는 조직의 구성원에 대한 전통적인 생각을 근본적으로 바꾸어야 한다고 말한다. 즉 고용주들은 다양한 구성원과 그룹들, 그리고 더욱 다양하고 명확한 직업 파트너십을 세울 필요가 있다. 어떤 파트너십은 비핵심 근로자 또는 독립 컨설턴트와의 단기 파트너십이 될 것이다. 또 다른 파트너십은 핵심 근로자나 팀과의 장기 협정이 될 것이다.

이러한 균형을 이루는 회사들은 직장 안정성에서 모두를 위한 고용 안정이 아니라, 다양한 선택, 강력한 개인 관계와 공유하는 가치에 토대를 둔 새로운 종류의 안정성과 함께, 그들이 필요로 하는 유연성을 창조하게 될 것이다.

어떤 리더들은 다른 리더들보다 새로운 도전을 더 잘 이해하고, 그들의 리더십을 새로운 통찰력과 조화시킨다. 그들은 사람들 사이에 맺어진 높은 수준의 연대성으로부터 조직은 오직 이익을 얻을 수 있다는 것을 이해하고 있다. 일부 조직들이 그들의 연대성 수준을 높임으로써 얼마나 수행 결과를 향상시켰는지 알게 되면 매우 놀랍다. 우리는 다양한 조직들에서 이것을 볼 수 있다. 그들이 종사했던 비즈니스는 근본적으로 변하지 않았고 노동력은 대체로 동일했다. 유일한 변화는 리더십의 변화였고 이전의 리더와 비교해서 리더의 다양한 행동 변화였다.

■ 사례 연구 ■

리더는 변화의 방아쇠다

2억 8,000만 유로의 순판매를 올리고 1,100명의 직원을 거느린 네덜란드의 한 식품 회사는 3년 연속 판매 목표에 미달했고, 점차 추진력을 잃어가고 있었다. 회사는 여전히 이익을 내고 있었지만, 수익성은 현저하게 떨어졌으며 판매 성장률도 둔화되었다. 다른 유럽 국가의 자매 회사와 비교해 보면 회사는 평범한 수준이었고, 같은 그룹 중 바닥으로 떨어질 위험에 처해 있었다.

이 회사에 2000년도 후반 젊은 리더가 새로 임명되었다. 그가 첫 번째로 한 일은 사업 비전을 강구하고, 전략 우선순위를 명확히 하며, 팀을 만들기 위해 일터를 리더십 팀과 함께 조직하는 것이었다. 일터는 신체적 옥외 활동과 작업을 진행하기 위한 일련의 대화와 회의의 결합체였다.

새 리더는 자신이 어떤 종류의 사람이며 어떤 종류의 리더인지, 그리고 자신이 일하길 원하는 방식에 관해 공개했다. 그는 다른 이들보다 먼저 자신의 속내를 털어놓아 자신을 솔직하게 보여주었다. 팀 구성원들도 똑같은 일을 하도록 권유받았고, 구성원들 역시 이를 긍정적으로 받아들였다. 사람들이 각자 마음을 열고 희망과 두려움을 표현했다. 일터는 이전에 열렸던 다양한 관리 모임과는 달리 여러 가지 이벤트의 장소가 되었다. 팀은 참신한 에너지와 강력한 소속감, 그리고 참여로 새로운 리더와 회의를 했다. 게다가 회사의 미래와 전략 우선순위에 대한 어려운 선택들이 이루어졌다.

새로운 리더와 그의 팀 구성원들은 회사의 미래를 이야기하고, 모든 사람들이 새로운 전략과 작업방식의 중요성을 강조하기 위해 자신들이 가진 모든 기회를 이용했다. 새 리더는 성공하든 실패하든 자신이 책임지겠다는 뜻을 분명히 밝혔다. 그는 리더로서 자신의 행동이 스스로 밝힌 리더십에 맞지 않으면 회사 안의 누구로부터든지 즉각적인 피드백을 받기를 원했다.

이런 결정은 효과가 컸다. 사람들은 메시지를 이해하고 그것에 반응했다. 그들은 자발적이고 솔직한 방식으로 피드백을 제공했다. 새로운 리더는 사람들의 심금을 울렸다. 조직에 존재했던 속박과 좌절을 밖으로 표출했고, 이러한 상황을 개선시키기 위한 기회와 강력한 에너지, 그리고 독창력이 서서히 드러났다.

그가 한 것은 자신이 원하는 방향으로 조직을 확신시키는 것뿐만 아니라 모든 부서의 사람들로부터 정서적 참여를 강조하는 것이었다. 리더십 팀과 광범위한 신설 관리 팀 사이의 간격을 좁히기 위해, 2001년도 초반에 30명의 사람들을 뽑아 새로운 부서를 조직했다. 이것은 폭넓은 관리 팀이 변화하는 환경에서 직면하게 될 도전에 준비하도록 하기 위한 조치였다. 또다시 이성적인 면과 정서적인 차원 둘 다에 초점을 맞추는 방식으로 프로그램이 제공되었다. 비록 모든 개인이 그것에 참여할 수는 없었지만 결과는 긍정적이었다. 팀 구성원들을 위해 카운슬링을 했고 해결책을 찾게 되었다.

변화의 이야기는 지금도 계속되고 있다. 모든 직위의 사람들이 연대감을 느끼면서 성취해야 할 과제를 위해 더 많이 움직였다. 이것은 상부에서 시작되었지만, 광범위한 사람들이 참여한 잘 짜여진 프로그램 아래 지속되었다.

결국 그것은 성공 전략으로 판명되었다. 회사 안의 자신감은 급속히 커져갔다. 많은 에너지가 분출했고, 시장에서 사업 성과를 향상시키기 위한 노력으로 모아졌다. 2001년과 2002년의 성과는 급속히 향상되었다. 비즈니스 성과 면에서 같은 계열 그룹 중 바닥이 될 위험성은 완전히 사라져버렸다.

회사는 다시 올라섰다. 본 회사의 능력에 대한 유럽 리더십 팀의 신뢰는 회복되었고, 이것은 회사에서 일하고 있는 사람들에게 자신들이 선택한 방식이 옳다는 증거로 받아들여졌다. 그런 가운데 2002년의 조사 결과는 2000년과 비교해 실제적으로 모든 차원에서 실질적 향상을 보여주었다.

일관된 리더가 진정한 리더

전 종업원들과 끈끈한 유대관계를 갖기 위해 투자하기로 마음먹은 리더가 활용할 수 있는 시나리오를 살펴보기로 하자. 만일 리더가 합리적인 방법으로 종업원들에게 전략적 방향과 비전, 전략적 우선순위를 설명하는 데 초점을 맞춘다면, 직원들도 그의 바람대로 합리적인 선택을 할 것이다(또는 하지 못할 수도 있다). 그러나 정서적인 참여를 유도하지는 못할 것이다. 성과도 평균이거나 평균보다 약간 높을 것이다.

만일 리더가 전략적 방향을 명확히 정하고 강력하고 다양하게 참여하는 것에 초점을 맞춘다면, 리더의 성향에 따라 성공과 실패로 나뉠 수 있다. 만일 그가 관료적인 데다 합리적인 것만 추구하는 사람이라면, 이러한 접근법을 통해서는 성공하기 어렵다. 이러한 사람은 폭넓은 조직에 핵심 메시지를 전달할 수 있는 능력이 없다. 비록 CEO라고 할지라도 결과는 썩 좋지 않게 나올 것이다.

현대의 직원들은 교육을 많이 받고, 박식하며, 비즈니스 성과를 향상시키기 위해 어떻게 해야 하는지 잘 알고 있다. 직원들을 합리적으로 참여시키기 위해 엄격하게 행동하는 CEO는 오늘날 직원들의 눈에는 실패한 것으로 보일 뿐이다. 따라서 직원들의 신뢰를 얻지 못할 것이다.

그러나 만일 리더가 이해력이 뛰어나고 믿을 만한 사람이라면, 직원들을 폭넓게 관여시키고 참여시키려는 시도는 성공할 것이다. 전통적인 방법과 역량으로 자신의 생각을 관철시키기 위해 합리적인 주장에 초점을 맞추는 리더와, 덜 전통적인 방법과 접근법으로 직원들의 참여를 유도하는 능력을 가진 좀 더 현대적인 리더 사이에는 커다란 차이가 있다.

회사가 성공하기 위해서는 조직이 원하는 리더십을 단계적으로 이행하는 구조화된 접근법을 확립할 필요가 있다. 앞에서 말한 네덜란드 식품 회사의 사례는 리더십이 어떻게 성공적으로 관철될 수 있는지 보여주는 아주 좋은 사례이다.

더 높은 유대 관계를 맺으려는 작업은 직원들의 진정한 참여를 이끌기 위해 유지될 필요가 있다. 이는 강화된 리더십이 전 직원의 참여를 이끌어낼 것인지, 아니면 실패하고 말 것인지 결정하는 요소가 된다.

최상위 리더십 팀의 일회성 행사는 긍정적인 효과가 있긴 하지만, 새로운 리더십 행동과 접근법보다는 못하다. 이마누엘 고빌롯 Emmanuel Gobillot은 자신의 책《일관된 리더 The Connected Leader》에서 진정한 리더는 일관된 리더라고 주장한다. 옛날 리더들, 그러니까 형식적인 것을 중요하게 여기는 리더들은 외교적이고 재치와 순발력이 있으며, 감독적이고 효율적이며, 지식이 많고 숙련되었으며, 신뢰할 수 있다.

그러나 대조적으로 진정한 리더는 혁신적이고 사귀기 쉬우며, 모험가이고 따뜻하며, 직원들과 의사소통을 원활히 하고 경청할 줄 아는 유연한 사람이다. 그들은 여러 언어를 쓰면서 다양한 심리적인 리더로서 역할을 한다.

진정한 리더는 사람들을 끌어들이므로 자신을 따르도록 하기 위해서는 이러한 종류의 새로운 리더십이 필요하다고 고빌롯은 말한다. 이러한 리더는 3가지 일을 한다.

첫 번째로 그들은 신뢰가 깊은 관계를 맺는다. 그들은 무엇보다 신탁 계정에 신뢰를 쌓아야 한다는 것을 잘 알고 있다. 두 번째, 그들은 의미 있는 결합을 한다. 그들은 개인적인 목적이 어떻게 조직의 목적과 맞물릴 수 있을지 직원들과 이야기한다. 그런 식으로 그들은 진정한 조직을 형식적 조직과 결합시킨다. 세 번째로 그들은 대화를 통해 조직을 유지한다. 그들은 설교자가 되는 대신 사람들과 함께 이야기한다.

우리는 뒤에서 다룰 '성공하는 조직 풍토 창조'에서 더 높은 유대 관계를 유지하기 위한 작업은 진정한 참여를 이끌기 위해 필요하다는 이야기로 돌아갈 것이다.

변화하는 비즈니스 환경에 맞는 리더십을 구사하라

1980년대 현지 독립 사업체의 리더십은 비교적 직접적이었다. 현지 회사는 독립적으로 마케팅과 판매 전략을 결정했고, 소싱과 제작 전략을 결정했으며, 공장과 R&D 조직을 가지고 있었다. 또한 자신만의 재정과 인재 경영 전략 아래 운영했다.

그러나 1990년대 초반 상황은 급변했다. 마케팅과 브랜딩 전략은 글로벌 차원이 아닌 지역적 차원에서 결정되었다. 판매는 한동안 현지 차원을 유지했지만, 국경을 넘는 시너지 효과를 얻기 위해 공급 체인을 개척했다.

세계적인 거대 기업은 변화하는 비즈니스 환경과 새로운 작업 방식에 적응해야만 했다. 다양한 범위와 책임 아래 지역적 역할들과 조직이 확립되었다. 많은 조직들은 궁극적으로 자신들의 운영 틀을 다시 정립하고, 어떤 과정을 위한(브랜드 자산 관리, 공급 체인) 진정으로 지역적인 또는 글로벌 구조를 만들어내지 않을 수 없었다. 이러한 비즈니스에 대해 완벽한 지배력을 가졌던 강력한 현지 조직의 패러다임은 1990년대 후반 급속히 변화하기 시작했다. 자신의 영역에서 한때 성공적이고 강력했던 현지 회사들은 더 큰 지역적, 국제적 체인의 일부분으로 재배치되어야 했던 것이다.

재정과 인재 경영 영역에서 국가를 초월하는 시너지 효과를 얻기 위한 초기 창업이 이루어졌지만, 휴렛패커드, IBM, 영국석유회사 등을 제외하고는 진정한 추진력을 얻지 못했다.

위의 모든 것은 지난 2, 3년 동안 많은 세계적인 거대 기업들이 현지 또는 국제적인 조직을 만들고 설치하면서 독립적인 현지 회사의 오래된 개념에 의지하는 상황을 이끌었다. 그 결과 많은 조직들의 역할이 불분명하게 되었다. 역할과 책임은 많아졌고, 중복된 노력은 관례적인 것이 되었으며, 의사 결정은 점점 더 어려워졌다. 이런 환경에서는 누구에게 책임을 지워야 하는지 한계가 불분명했다.

특히 이런 상황은 강화된 리더십에는 전혀 도움이 되지 않는다. 리더들은 분명한 권한을 갖고 원만하게 일을 처리하기를 원한다. 또한 그들은 전체 조직의 이익을 추구하기 위해 다른 사람들이 일할 수 있기를 원한다.

현대 조직에서는 역할과 책임을 명확히 하고, 대담한 선택을 해야 하며, 운영 틀을 명확히 하고 전달해야만 한다고 우리는 믿는다. 그래야 리더는 일을 할 수 있는 분명한 기반을 제공할 수 있으며, 분명한 대표 시스템과 조직의 다양한 차원에서 그에 일치하는 책임을 확립할 수 있을 것이다.

신속하게 의사 결정을 하라

지금까지 기술한 내용을 읽다 보면, 세계적인 거대 기업들의 최근의 운영 방식을 매우 부정적으로 서술한 것처럼 느껴질 수도 있다.

그러나 우리는 세계적인 기업들이 예외적으로가 아니라 대부분 그렇게 행하고 있다고 생각한다.

이런 상황이라면 연결되고 일관된 결정을 실행하는 것은 매우 어렵다. 크고 복잡한 글로벌 조직에서 1,000명 또는 그 이상의 지리적으로 분산된 매니저를 통한 의사 결정의 이행은 한마디로 악몽일 뿐이다.

그러나 강화된 리더십은 주어진 상황을 당연하게 받아들이지 않는다. 리더들은 재빨리 자신들의 직무 범위와 의사 결정 권한을 가진 당사자를 확인한다. 그리고는 이것을 명확히 한 다음, 리더십 팀과 폭넓은 조직에 전달해 이해시킨다. 그렇게 함으로써 그들은 자신들의 에너지와 주위 사람들의 에너지를 그들이 정말로 할 수 있는 것과 성취할 수 있는 것에 집중시킨다. 물론 강제로 시키는 것이 아니라 자유롭게 선택할 수 있도록 하는 것이다.

리더의 특별한 관심사는 일차적으로 그들 자신의 힘으로 책임을 명확히 하는 것이다. 그들은 불분명한 환경에서 일하는 것이 불가능하다는 것을 안다. 그러므로 임명 초기부터 올바른 운영 틀을 만들어내는 데 높은 수준의 에너지를 쏟는다.

그들은 올바른 운영 틀을 가지는 것이 신속하고 성공적인 의사 결정을 위해 매우 중요하다는 점을 잘 알고 있다. 이와 같이 행동하는 것도 이 때문이다. 그들이 특별히 중요하게 여기는 것은 속도이다. 현대 세계에서 시간은 중요한 경쟁 무기가 될 수 있기 때문이다.

어쩌면 신속한 의사 결정 환경을 만들어내는 데 열성적인 리더 또한 다른 리더들과 크게 다르지 않을 것이다. 만일 다른 점이 있다면 상황을 개선하기 위해 수행할 필요가 있는 것을 가려내는 데 끊임없는 노력을 쏟는 점일 것이다. 중요한 것은 말이 아니라 행동이다.

리더의 성공 열쇠는 무엇인가

피터 드러커는 조직이 인재를 최대한으로 이용하고 있는지, 사람들이 능력을 최대로 발휘할 수 있도록 자극하는 작업 환경을 제공하고 있는지 묻는다. 이 질문의 답은 부정적인 경우가 많다. 미래의 가장 중요한 리더십의 도전 과제 중 하나는 조직에서 인간의 잠재 능력을 개발하는 방식이다.

전통적인 리더십과 구태의연한 경영 방식으로 급속한 변화와 세계화, 새로운 과학기술과 이 모든 복잡한 것들에 대응하려는 경향이 증가하고 있다. 많은 리더들이 강력한 리더십으로 점점 더 복잡해지는 조직을 관리하려고 시도하고 있으며, 자신의 뜻을 아랫사람에게 전달하는 데 매우 단순한 방식을 선택한다. 그렇게 함으로써 그들은 안정성과 예측 가능성을 재수립할 수 있기를 기대한다. 그러나 그들 중 많은 이들은 실패를 맛보는 경우가 많다.

상사의 뜻을 직원에게 단순하게 전하는 방식으로 조직을 이끌어나가는 것은 매우 매력적인 일일 것이다. 그러나 이러한 리더십은 오히려 일을 복잡하게 할 뿐이다. 매니저와 직원들은 자신들에게 주어진 틀과 지침에 적합한 현실의 일부만을 인식하게 될 것이다. 소비자 행동, 고객 기대, 외부 개발 등 기타 빠르게 변하는 현실은 쉽게 간과할 것이다. 장기적으로 이런 방식으로 나가면 어떠한 결과가 나올지 상상이 되는가.

세계적인 거대 기업에서는 이러한 복잡한 조직을 다루기 위한 상세한 규칙과 절차를 만드는 것보다는 다양한 차원에서 접근하는 방법을 배우는 것이 중요하다. 과정을 명확하게 하는 것이야말로 신속한 의사 결정에 도움이 된다.

또한 복잡한 조직을 다루는 직무 기술을 익히는 것보다는 개개인이 자신이 맡은 바 역할과 책임을 충분히 이해하는 것이 중요하다. 그리고 그것이 전체적인 운영 틀에 얼마나 적합한지도 이해시켜야 한다.

피터 드러커가 제기한 인간의 가능성은 충분히 활용되지 않고 있다는 사실을 상기할 필요가 있다. 이렇게 되면 일상적인 근무 태도에서 직원들 사이의 유대 관계는 사라지고, 새로운 비즈니스 기회는 간과되며, 개개인의 혁신적인 능력은 감소될 뿐이다.

결국 이러한 환경에서는 좋은 인재를 잡을 수가 없다. 따라서 우리는 좋은 인재를 잡기 위해 정열적인 조직을 만들고 양성하는 노력을 기울여야 한다. 인재는 새로운 비즈니스 기회를 포착하기 위해서라면 신속히 행동을 취한다. 인간이라면 누구나 자신의 일터에서 성공하는 방법이 무엇인가를 가장 잘 알기 때문에 도전을 받았을 때는 가장 효율적인 방식으로 응한다.

조직의 기능을 잘 유지하기 위해 가장 중요한 리더십 과제는 모든 이들이 조직이 나아가기를 원하는 방향, 그리고 이러한 전략적 방향을 보강하는 주요 활동을 확실히 이해하도록 하는 것이다.

즉 여기서 말하는 리더십 과제는 비전 공유를 통해 연대감을 보장하는 것이다. 현대 조직에서 이것은 이성뿐만 아니라 마음으로 사람들을 참여시키는 리더십 능력과 함께 한다. 조직에 새로운 에너지를 가져오고 지속적인 경쟁 우위를 창조하는 것은 바로 이러한 결합이라고 우리는 믿는다.

뒤에서 우리는 정서적이고 지적인 연대를 만들어가기 위한 비전 공유와 가치 공유의 중요성을 짚어볼 것이다.

이기는 팀을 구축하라

- 우리는 팀원의 강점과 약점을 잘 알고 있는가?

- 빈틈없이 조화로운 팀을 만드는 데 힘을 할애하고 있는가?

- 팀원이 남긴 이전 실적이 팀의 요구사항과 일치하는가?

- 팀은 개인의 야망을 알고 있고 지지하고 있는가?

- 팀은 기존 관습을 새롭게 바꿀 수 있는가?

- 팀의 리더십과 문화는 다양한 의견과 견해를 이끌어내고 있는가?

우리는 여기서 어떤 조직에서든 상급 리더십 팀을 주의해서 정교하게 만드는 일의 중요성에 초점을 맞출 것이다. 조직을 "정교하게 만든다"는 말은 일회성 노력으로는 안 된다는 것을 이미 알고 있다. 팀을 구축하는 것은 역동적인 작업이며, 상부 리더십 팀의 지속적인 관심과 결정적인 행동이 필요한 과제이다.

우리가 제한적으로 리더십 팀에 초점을 맞추기로 한 것은 프로젝트 팀, 조정 팀, 전문기술 팀, 지원 팀 등 많은 종류의 팀이 존재하기 때문이다. 우리가 리더십 팀을 고른 것은 '인재를 끌어당기는 리더십'과 '이기는 팀을 구축하라'는 주제 사이의 논리적인 연결 때문이다. 말하자면 리더십은 우리가 다루고 있는 모든 영역을 묶는 중요한 연결고리이다.

리더십 팀을 적절히 정의하기 위해서는 진정한 팀이란 게 무엇인지 명확히 밝힐 필요가 있다. 이 책에서는 2003년 런던에서 열린 리더십 개발 회의에서 하버드 대학의 리처드 해크먼Richard Hackman이 제시한 정의를 사용하기로 한다. 그는 '진정한 팀'은 구성원들 사이에 상호 의존성이 높고, 공동으로 성취할 수 있는 과제가 있으며, 위계 질서가 명확해 멤버십이 쉽게 변하지 않으며, 팀에 누가 소속되어 있는지 알기 쉽다고 정의했다.

여기서는 이 정의의 마지막 부분에 초점을 맞출 것이다. 누가 리더십 팀에 있는가. 짐 콜린스의 말을 빌리면 누가 버스를 타는가, 그리고 누가 팀을 떠나야 하고, 누가 팀에 합류해야 하는가. 이는 분명히 리더의 책임이다.

HR은 이중적인 입장을 지닌다. HR 부장은 일반적으로 리더십 팀의 구성원이면서 팀에 변화를 만들고, 팀과 그 구성원들을 발굴하고 강화하는 활동을 제안한다는 면에서 CEO의 고문이라고도 할 수 있다.

리더십 승계하기

세계적인 거대 기업에서 HR은 전통적으로 '적합한' 때 '적합한' 근무를 위한 '적합한' 리더의 개발과 공급이라는 개인 리더십(또는 관리) 창출에 초점을 맞추어 왔다. 많은 조직들은 미래의 리더들이 근무 중 직면할 수 있는 도전적인 문제들에 잘 대처할 수 있도록 능력 개발 프로그램을 마련해 두고 있다.

주요 요직이 공석일 때는 승계 계획에 따라 임명 가능한 후임자를 신속하게 정할 수 있는 것도 장점이다. 즉 적절한 후보자의 임명 가능성이나 불가능성을 '전체 그림'으로 그림으로써 리더십 개발 프로그램을 구성하여 기술과 역량 사이의 간격을 줄일 수 있다.

위의 과정은 '사내 승진' 원칙을 지키는 조직에 적합하다. 우리는 이러한 철학이 조직 내부의 사람들에게 환영받는다고 본다. 회사와 함께 성장하고, 건전하게 직장 생활을 영위하도록 해주기 때문이다. 물론 그렇다고 해서 어떤 경우에도 내부 후보자가 임명되어야 한다는 것은 아니다. 균형 있는 조직을 만들거나 조직에서 쉽게 얻을 수 없는 기술과 역량을 외부에서 제공받기 위해서는 우수한 외부 인력을 유치하는 것도 필요하다.

리더십 승계 시의 함정들

• 책임과 역할 면에서 리더십 팀이 차지하는 특별한 위치를 당연하게 여기고, 그러한 자리의 후임자를 신속하게 찾는 일에 집중하는

것은 위험할 수 있다. 왜냐하면 전체 팀과, 리더십 팀에 속한 다른 멤버들의 기술과 역량, 그리고 경험을 재조정할 수 있는 기회를 놓칠 수 있기 때문이다.

• 리더십 팀에 들어올 후보자는 때때로 과거의 '성공적'인 성과에 대한 포괄적 평가를 통해 자격을 검증받는다. 이는 앞으로의 역할에 적합한 인물을 찾아내는 완전한 후보자 분석과는 거리가 있을 수 있는 방식이다.

• 세계적인 거대 기업들에서 위와 같은 작업 방식은 성공적인 경력 향상을 위해서는 비교적 짧은 기간에 정기적인 이직을 하는 것이 유리하다는 생각을 하도록 만든다. 이것은 꾸준한 리더십 발휘와 책임을 소홀히 하도록 조장할 수도 있다.

프로젝트 할당하기

리더십 팀의 결원 발생은 전체 팀을 재조정하고, 기술과 역량, 그리고 경험을 최대한 융합할 수 있는 특별한 기회가 된다. 그러나 이것을 각자의 역할들을 바꾸고 팀 구성원을 교체하는 구실로 삼아서는 곤란하다. 오히려 리더십 팀과 직원 구성에서 조직이 발전할 수 있는 기회로 삼아야 한다.

급격하게 변하는 경쟁 세계에서 인수와 합병을 거친 회사는 다른 부서와 거래 협상을 강조하는 것 대신 우수한 내부 재정의 중요함을 강화하기 위해 재정적 기능의 공석을 이용하기를 원한다. 또한 미래의 재정 관리 감독자로 공격적인 수완가보다는 통합시키는 사람을 더욱 요구할 수 있다. 재정적인 책임을 지는 리더는 전체 팀을 구성할 때 주의 깊게 볼 필요가 있다.

회사의 제조 분야에 대한 중요 개혁 프로그램을 진행해 온 조직은 기술 감독 후임자가 어떻게 마케팅 전략을 지원하며 혁신 프로그램에 대한 기술 지원에 초점을 맞출 수 있을지 묻는다. 이를 통해 기술 감독자의 후임으로 매우 다양한 후보자가 나타날 것이다.

이러한 예시들은 명확하게 보일 수 있다. 그러나 역할 프로필과 충원할 후보자 프로필에 대해 조직이 여유를 두고서 유연하게 판단하지 않는 것은 놀라운 일이다.

사람들은 팀 구성원 중 한 명의 이직을 전체 팀의 변화를 유발하는 기회로 간주하는 경향이 있다. 우리는 이것이 옳다고 보지 않는다. "팀을 구축하라"는 제안은 리더가 팀의 균형이 올바른지, 그리고 팀의 목적이 적합한지를 지속적으로 체크해야 한다는 것을 의미한다.

최소 4년 또는 5년 동안 리더십 팀이 함께 지속된다고 가정하면, 리더는 이 기간 중에는 팀 구성원을 바꾸지 않으면서 변화를 이룰 필요가 있다. 개인의 역할 중 중요한 부분은 어느 정도 변화 없이 유지할 수 있지만, 팀 구성원 중 한 명에 대해 새로운 과제 또는 전략적 프로젝트를 할당할 필요가 있을 수 있다. 이에 관한 좋은 예로 스위스 투자 은행인 UBS를 들 수 있다.

과제와 책임 바꾸기

2004년 6월, UBS의 상급 경영 팀은 이후 5~6년에 걸쳐 재정 서비스 비즈니스가 얼마나 발전할지 살펴보는 프로젝트를 시작했다. 이 과제를 통해 몇 가지 결론이 나왔다.

첫째, 헤지펀드와 기타, 이른바 대체 투자 자산으로 흘러 들어가는 돈은 지속적으로 늘어날 것이다.

둘째, 매우 부유한 사람들을 위한 자금 관리는 세계적인 비즈니스가 될 것이다.

이러한 통찰력은 2005년 6월 발표된 UBS의 주목할 만한 개편을 이끌었다. UBS 투자 은행의 중역인 존 코스타스John Costas는 현재 직위를 떠나 새로운 사내 헤지펀드를 맡는 것으로 알려졌다.

UBS 중역인 피터 울플리Peter Wuffli는 그러한 이동 덕분에 UBS가 기관과 개인 고객에게 헤지펀드 상품을 제공하게 될 것이고, 계속해서 다른 헤지펀드로 떠나는 가장 재능 있는 트레이더를 UBS에 잔류하게 만들 것이라고 말했다.

그러나 존 코스타스의 이동에 의문이 없었던 것은 아니었다. 미국 투자 은행계에서 영향력을 지닌 UBS의 부CEO인 그가 UBS의 사내 헤지펀드 구축보다 더 큰 자리의 후보자가 될 수 있었기 때문이다. 그러나 코스타스는 자신이 무에서 새로운 비즈니스를 구축하는 것에 의욕을 갖고 있으며, 결국 UBS의 대체 투자 자산 관리 수단에 더 많은 투자가 이루어질 것이라고 주장했다.

이를 통해 알 수 있는 것은 최고 리더십 팀의 중역은 반드시 팀 구성원을 변화시키는 것보다는 자신의 과제와 책임을 변화시키는 것이 낫다는 사실이다. 이것은 두 가지 점을 강조한다.

첫째, CEO는 개별적 팀 구성원의 실적(그들의 기술과 역량, 경험)에 대한 명확한 견해를 가질 필요가 있다는 것이다.

둘째, CEO와 개별적 팀 구성원은 새로운 사내 비즈니스(헤지펀드)를 수립해야 했을 때 UBS가 발견한 것처럼, 고정관념을 뛰어넘는 용기와 솔루션을 개발할 수 있는 능력을 가질 필요가 있다는 것이다.

우리는 위에서 서술한 것처럼 최고의 팀을 정교하게 만드는 것을 CEO의 중요한 책임이라고 본다. 이제 내부 인재를 선발할 때 타이밍이 얼마나 중요한지에 대해 알아볼 것이다. 우리는 최고 리더십 팀의 유지가 성공을 위해 중요하다고 믿는다.

내부 인재 검토하기

영국 헤이그룹은 400명의 상급 HR과 비즈니스 리더에 관한 조사를 실시했다. 그 결과, 대다수 HR 감독관과 비즈니스 리더들은 자신들의 회사가 인재 관리를 가장 '높은 우선순위'로 잡고 있다고 밝혔다. 그러나 중역들은 인재 관리가 비즈니스에 미치는 영향을 충분히 이해하지 못하는 심각한 문제를 안고 있었다.

회사의 성공에 가장 큰 역할을 하는 요소가 사람이라고 본다면, 앞선 조사에서 인재 관리에 대해 명확한 인식을 지닌 조직이 열 곳

중 하나도 되지 않는다는 게 어떻게 가능할까? 또한 동일한 조사에 따르면, 모든 회사의 절반 이상에서 이사회 의제로서 인사 관리 문제가 1년에 두 번 이하로 다뤄진다는 게 어떻게 가능할까?

내부 인재 검토는 지난 몇 년 동안 점점 더 중요해지고 있다. 긴축 경제와 불확실한 비즈니스 풍토에 직면해, 많은 회사가 지난 10년에 걸쳐 점점 더 위험을 회피하게 되었다. 회사는 동일한 시장 경험을 지닌 사람들을 원하고, 심지어 상부에서는 같은 회사 출신을 선호한다. 이러한 상황은 사람들이 이직 전 근속기간이 3년 이하이고, 회사 사이에 이직 경향이 강해지는 풍토에서 점점 더 심각해지고 있다.

회사는 인재 관리를 위해 조직 안에서 성공을 예측하는, 조직의 유전자에 토대를 두고 있는 DNA 행동을 확인할 필요가 있다. 그것은 조직에서 어떻게 일이 성공적으로 수행되는지, 그리고 어떻게 비즈니스 성공이 이루어지는지를 반영한다.

비즈니스 리더는 사람들이 어떻게 비즈니스 전략과 관계를 맺는지 강구할 필요가 있다. 특히 그것은 다양한 역할에서 성공하기 위해 무엇이 필요할지를 이해하는 데 초점을 맞추기 시작한 회사에 매우 중요하다. 세계적 수준의 인재 관리는 이러한 조정과 역할 정의를 올바르게 하는 것이다.

이러한 계획이 수립되면, 인재에 대한 총체적 '전체 그림'을 수립하기 위해 조직 내부의 사람들과 그들의 능력에 대한 정기적인 인재 검토를 수행하는 것이 중요하다. 이렇게 함으로써 회사는 회사의 구성원들을 최대한 활용할 수 있다. 직원들의 능력과 그 능력을 어떻게 비즈니스 전략 추진에 써먹을 수 있는지에 대한 더 깊은 이해는 성공 가능성을 높여줄 것이다.

적재적소에 배치하라

2005년 헤이그룹의 유럽연합고객회의에서 72명의 참가자들에게 대조표를 사용한 설문 조사에서 응답자의 반만이 그들이 다니고 있는 회사가 팀 구성원들의 장단점을 깊이 이해하고 있다고 답한 것으로 드러났다. 사실 매우 극소수의 회사만이 팀의 능력과 자신감, 그리고 경험에 대한 균형을 확실케 하기 위해 이 방법을 사용한다. 앞서 말한 성공적인 혁신을 위한 팀의 능력 조사에 대해서는 후자의 점수가 56개의 질문 대조표에서 가장 낮게 나타났다.

그것은 마치 사람이 가장 큰 자산이라고 말하기 위해 준비한 자료처럼 보일 수도 있지만, 때때로 기업들이 적절한 과정과 능력, 자신감, 경험, 성공 등등의 포착을 위한 체제에 투자하지는 않는다는 것 또한 사실이다.

그것은 정보의 정확성을 묻는다. 즉 조사는 선택을 하거나 약속을 이행하는 정확성을 결정하는 데에 사용된다. 만일 어떤 회사에서 사람들이 2~3년 이상 머무르지 않고 이 회사 저 회사로 빨리 옮기는 문화가 있다면, 잠정적으로 봤을 때 문제는 더욱 심각해질 수 있다. 이런 분위기의 환경에서 성과를 쌓는 것은 문제를 가져올 수 있다. 회사에서 높은 간부일수록 일의 결과가 확연해져서 적절하게 평가받기까지 최소 3년이 걸린다고 추측한다.

짐 콜린스는 자신의 책《좋은 기업을 넘어 위대한 기업으로》에서 조직을 성공으로 이끌기 위해 최고 리더는 3년 이상의 시간이 필요하다고 주장한다. 그에 따르면, 비즈니스 리더가 자신의 역량을 완벽히 이해하고, 회사의 미래 전략 방향에 대해 효율적인 판단을 하며, 이러한 전략의 성공적인 실행을 관리하기 위해서는 더 오랜 근무 기간이 필요하다.

위의 관점에서 짐 콜린스는 유명 CEO를 영입하는 것이 과연 성공적인지 의문을 던진다. 때로 유명 CEO는 빠른 성과에 대한 유혹을 강하게 느끼고, 그렇게 하기 위해 자원을 집중함으로써 비즈니스에서 진정한 역량과 성공 요인이 무엇인지 이해하지 못하는 심각한 위험에 처한다는 것이다.

인적자원 쪽에서도 동일한 문제가 발생한다. 할 필요가 있는 것들을 신속하고 합리적으로 분석하는 것이 반드시 새로운 전략의 성공적인 실행을 보증하지는 않으며, 조직의 많은 부분으로부터 깊은 공감대를 형성해 많은 사람들의 참여를 보장하는 것도 아니다.

짐 콜린스는 "CEO란 누가 먼저 버스를 타야 하고 누가 버스를 타지 말아야 하는지 결정해야만 한다"고 말함으로써 위 주제에 대한 자신의 견해를 표명했다. 즉 "인적자원은 비전과 전략보다 중요하다"고 바꾸어 말하고 있는 셈이다. 어떤 상황에서는 최고 상급 팀 구성원의 이직에 대해 즉각적인 결정을 내릴 필요가 있고, 즉각적으로 후임자를 찾을 필요가 있다. 다른 상황에서는 기존 팀의 구성원들과 함께 작업해 나가면서 진화론적인 방식으로 팀을 구축하는 것이 현명할 수도 있다.

한편으로는 근무 시간과 근속 기간, 다른 한편으로는 리뉴얼과 다양성 사이에 긴장이 존재한다. 너무 오래 동일한 팀과 구성원을 고수하는 것은 혁신이나 다양성 면에서 부정적인 요인이 될 수 있다. 우리는 '큰 수행능력을 지닌 팀'에서 이 문제를 다시 다룰 것이다.

비전과 가치를
공유하라

- 비전을 담은 선언서가 있는가?

- 그룹의 많은 사람들과 함께 비전을 만들었는가?

- 비전이 회사의 모든 사람들에게 전달되었는가?

- 가치가 비전과 연결되었는가?

- 얼마나 가치가 잘 지켜지는지 확인 조사를 하는가?

- 변동급여의 적용이 비전과 연관되는가?

많은 조직들이 정성을 들여 정교한 비전선언서를 만들어 왔다. 보통 이것은 조직의 존재 이유, 그들이 속하거나 또는 속하길 원하는 업종, 핵심 책임자, 조직의 전략 방향과 성공 모습을 설명하고 있다. 때때로 사명선언서가 비전선언서 옆에 사용되거나 비전선언서를 일부 대체하기도 한다.

그러나 많은 조직들은 아직도 명확한 비전선언서를 가지고 있지 않다. 거대한 글로벌 조직들에게 있어 비전선언서는 필수이다. 비전을 공유하면 이점이 훨씬 더 많기 때문이다. 리더십 대표 그룹과 함께 비전과 비전선언서를 정교하게 만드는 것은 그 자체가 보람 있는 과정이다. 물론 이것은 비전 또는 비전의 일부를 정교하게 만드는 과정을 지원하기 위한 활동이 포커스 집단, 준거 집단, 기능 팀의 개별적 리더의 활용과 결합되었을 경우에 가능하다.

가치 공유의 또 다른 특징은 어떻게 폭넓은 조직에 비전을 가장 잘 전달할 수 있을지에 대한 주의 깊은 사고가 이루어진다는 것이다. 이러한 커뮤니케이션 과정은 원칙적으로 모든 수준을 포함해야 한다. 비전은 조직의 다양한 수준에 따라 다양한 형식과 형태로 전달되어야 한다. 그리고 조직의 상층부에서 하층부에 이르기까지 비전에 대해 알 가치가 있다.

비전을 공유하여 연대성을 높여라

우리는 앞으로 핵심 차별화 요인 중 하나가 조직이 고용인의 높은 연대감을 창출하는 정도라고 믿고 있다. 우리는 이미 이것을 앞에서 분명히 했다(인력 결집을 위한 리더십 강화 참조). 우리는 연대성을 '직원이 조직의 어떤 것 또는 누군가와 관련을 맺는 정도로써 직원들이 얼마나 열심히 일을 하며, 그러한 관련의 결과로 얼마나 오래 근속하는지'로 정의한다. 연대성은 조직이 성과와 인재를 유지하는 능력에 커다란 영향을 미친다.

비전 공유는 분명 연대성 수준을 높이는 데 도움을 준다. 이것은 성공적이고 의미 있게 비즈니스를 하는 조직의 개념과 비전 공유가 결합되었을 때 특히 그러하다. 또한 그들이 처한 환경과 공동사회, 그리고 회사와 직원의 활발하고 외적인 연대를 포함한다.

외적 연대와 내적으로 고용인의 마음과 정신을 얻는 것은 종종 함께 나아간다. 전략적 비즈니스 선택의 집중 배치와 조직 안 모든 수준의 정서적 연대성의 결합은 서로 이익을 가져다준다. 우리는 이것이 앞으로 승리 공식이 될 수 있을 것이라고 믿는다.

아이스크림 맛보다 훌륭한 사명

비즈니스를 위한 비전과 사회적 사명을 결합한 회사의 좋은 예로 버몬트 주의 벤앤제리Ben&Jerry란 아이스크림 회사를 들 수 있다.

벤앤제리는 1978년 벤 코헨Ben Cohen과 제리 그린필드Jerry Greenfield에 의해 설립되었다. 그들은 버몬트 주 벌링턴의 낡은 주유소에서 버몬트 우유로 만든 천연 아이스크림을 개발하여 제조, 판매하기 시작했다. 그들의 버몬트 우유로 만든 천연 아이스크림은 커다란 성공을 거두었다.

회사는 급속히 지역으로 퍼져 나가 급기야는 미국 전역에서 매우 인기 있는 브랜드가 되었다. 오늘날 벤앤제리 아이스크림은 세계적으로 유명하다.

두 창립자인 벤과 제리의 비전은 회사는 세상에서 가장 강력한 영향을 끼치는 집단 중 하나이며, 따라서 회사는 공동사회를 위해 되돌려 줄 책임이 있다는 것이었다. 그들은 '계속 이어지는 번영'이라는 새로운 의미를 지닌 회사를 만들어 이에 헌신할 것을 선언했다. 그래서 벤앤제리의 사명도 생산적 관점의 사명, 경제적 관점의 사명, 그리고 사회적 관점의 사명이라는 세 가지 상호 관련 부분으로 정해져 있다.

• 생산적 관점의 사명은 버몬트 우유로 만든 아주 다양한 혁신적 맛을 가진 가장 좋은 품질의 천연 아이스크림과 관련 제품을 제조하여 공급, 그리고 판매하는 것이다.

• 경제적 관점의 사명은 주주의 가치를 증대시키고, 직업 기회와 고용인의 재정적 보상을 창출하면서 수익 성장의 건전한 재정 기반 아래 회사를 운영하는 것이다.

• 사회적 관점의 사명은 광범위한 공동사회, 지역 사회, 국가 사회, 그리고 국제 사회의 삶의 질을 향상시키기 위한 혁신적 방법을 시작함으로써 사회 구조 내에서 회사가 담당하는 중심 역할을 능동적으로 인식하는 방식으로 회사를 운영하는 것이다.

사명의 근간을 이루는 것은 회사 내외의 개인들과 그들이 속한 공동사회에 대한 깊은 존중 아래, 이 세 가지 부분들을 모두 아우르는 새롭고 창조적인 방법을 찾겠다는 결심이었다.

그동안 벤앤제리는 환경에 끼치는 부정적인 영향을 제거하고 그들이 비즈니스를 하고 있는 사회에 환원하면서, 사회 정의와 평등에 강력한 초점을 맞추어 왔다. 지금까지 벤앤제리는 기대를 충족시켜 왔으며, 가치에 대한 약속을 가능한 언제 어디서든 일상의 운영으로 통합시켜 왔다.

이것이 단지 속 빈 말이 아니라는 사실은 벤앤제리가 그동안 수행해 온 많은 프로젝트와 창업으로 증명되며, 이익의 일부도 그것에 사용되었다. 그러한 프로젝트와 창업은 '지구 온난화 캠페인', 실업자가 새로운 벤앤제리 소매점을 시작하도록 돕는 '파트너숍 프로그램', 환경 친화 자원 프로그램인 '천연 에너지', 그리고 지역 사회 문제를 다루는 수천 개의 소규모 지역 창업에 대한 지원을 포함한다.

벤앤제리의 평판은 그들이 판매하는 훌륭한 아이스크림으로 얻어진 것이지만, 더 중요한 것은 가치가 지배하는 사명과 수많은 구체적 창업들을 통해 얻어진 것이었으며, 그것은 삶에 비전, 특히 사회적 사명을 일으키기 위한 것이었다. 벤앤제리가 브랜드를 알린 것은 100만 달러 광고 캠페인을 통해서가 아니었다.

벤앤제리 같은 회사에서 일한다는 것은 분명 사명에 대한 강력한 참여를 요구한다. 조직을 온몸으로 느끼는 것은 특별하다. 벤앤제리의 철학은 또한 워터베리의 벤앤제리 공장 투어를 통해 살아 있으며, 그것은 버몬트 주에서 가장 인기 있는 관광 명소 중 하나가 되었다.

우리의 관점에서 보았을 때, 앞으로 차별화의 주된 요인 중 하나는 모든 조직의 수준에서 조직이 직원의 높은 연대감을 창출하는 것이며, 그것은 의미 있는 방식으로 비즈니스를 하는 조직 개념과 결합하는 것이라고 말한 바 있다.

후자는 그들이 처한 환경과 공동사회, 그리고 회사의 활발하고 외적인 연대를 포함한다. 벤앤제리는 이것이 어떻게 성공적으로 이루어질 수 있는지 보여준 좋은 예이다.

아직 개발되지 않은 인간의 잠재성이라는 무한한 저수지가 있다는 것은 의심할 여지가 없다. 우리가 처한 환경과 공동사회의 위대한 외적 관련과 연대는 이러한 가능성을 여는 데 도움이 될 것이다.

육체노동자 중심 조직에서 지식노동자 기반 비즈니스로의 혁명에도 불구하고, 피터 드러커는 우리가 아직도 조직에서 인적자본을 충분히 활용하지 못하고 있음을 지적했다. 그의 지적이 옳다. 인적자본 활용을 최대화하는 것은 우리에게 더욱 의미 있는 조직과 직무를 창출하도록 해줄 것이다.

뛰어난 회사에는 비전을 담은 선언서가 있다

유명한 세계적인 회사들(앤더슨, 엔론, 월드컴, 아홀트)의 최근 위기는 어떻게 우리가 그러한 대재앙을 피할 것이며 높은 신뢰와 성실성을 통해 성공적이며 의미 있는 회사를 만들 것인가 하는 문제를 제기했다. 우리는 이러한 도전에 신속하고 적절한 해답에 이른 회사가 최고의 위치에서 가장 뛰어난 인재를 끌어들이고 개발할 수 있을 것이라고 믿는다.

그렇게 하는 것은 명확한 전략적 비즈니스 선택과 결합한 높은 수준의 지적이고 감정적인 연대를 필요로 하며, 우리는 여기에 가치가 중요한 역할을 한다고 믿는다.

엔론의 경우는 가치와 함께 시작하기 위해서는 최고의 리더십이 그것을 충분히 이해할 필요가 있으며, 최고 리더의 행위는 그러한 가치와 병행해야 된다는 것을 보여준다. 그럴 때만이 신뢰와 성실성이 진정한 것이 될 수 있으며, 그럴 때만이 가치가 이해되어 조직의 근로자 대다수에 의해 유지될 수 있다.

파산 당시 엔론은 전문적 가치 프로그램이 있었다. 엔론은 가치를 개발했고, 가치선언서가 있었으며, 광범위한 조직으로 가치를 전달할 프로그램도 있었다. 또한 가치 프로그램을 지원하기 위한 조직화된 장려 활동이 있었으며, 가치로 장식한 현수막 등 모든 것이 있었다. 문제는 리더십 행위가 가치와 병행되지 않았다는 점이었다. 우리는 회사가 몰락한 주된 이유 중 하나가 적절한 설명이 없이 비즈니스 거래와 수익 기반에서 높은 보상을 이끌었던 관행을 개발한 경영진의 행동이었다는 것을 뒤늦게 깨달았다.

엔론은 가치가 얼마나 중요한지를 보여주는 좋은 예이며, 리더십 행위와 그것이 병행되지 않았을 때 무슨 일이 일어날 수 있는지를 보여주는 경고이다. 그러나 적절하게 병행되면, 가치선언서는 글로벌 기업의 다양한 부분을 함께 묶는 접착제가 될 수 있다. 회사의 비전과 가치를 유지하고, 일관되게 전달하며, 그것을 모든 단위에서 지역과 시간을 넘어 유지시키는 것은 중요한 리더십 과제이며, 회사 문화에 긍정적인 영향을 미칠 것이다.

이 모든 것은 비전과 가치가 세계적으로 지역 문화와 관련이 있고 그것을 존중한다는 것을 전제로 한다. 따라서 우리는 가시적인 리더십 행동이 문서로 된 비전과 가치선언서, 그리고 그것의 전달과 일치는 매우 중요한 것이라는 것을 한 번 더 강조할 수밖에 없다.

또한 시간이 흘러도 가치를 유지시키는 것이 매우 중요하다는 사실이다. 사후 점검이 적절하게 이뤄지지 않으면 일회성 노력은 시간이 지나면 상황을 개선시키는 것이 아니라 악화시킬 수 있다.

그러므로 회사가 올바른 방법을 찾도록 비즈니스 HR의 전략적인 문제점을 살펴보자. HR은 가치를 명확히 할 수 있지만, 더 중요한 것은 리더십 행위가 그러한 가치와 병행되도록 회사의 행위를 모니터하는 것이다. 만일 그렇지 않다면, HR은 상황을 개선하기 위해 최고 리더십과 적절한 행동을 중재하고 합의해야 한다. 벤앤제리의 사례는 가치에 대한 약속을 조직의 일상적 운영으로 통합시키는 것이 가능하다는 것을 보여준다.

도덕적 가치에 상응하는 비전을 세워라

직업혁신 그룹의 문서 〈지속적인 리더십*Sustainable Leadership*〉에 따르면, 사람들은 '공동체와 사회, 그리고 윤리적 문제'의 중요성에 대한 인식이 높은 편이다. 직장인들에게 새롭게 대두되고 있는 문제는 자신의 노동을 더 의미 있게 만들고, 그들이 어떤 방식으로든지 사회에 공헌하고 있다고 느낄 수 있는 직업을 찾는다는 것이다.

직업혁신 그룹의 연구와 일반 연구를 통틀어 보면, 사람들은 조직에서 자신들의 위치와 존재 의미, 그리고 사회에 광범위하게 공헌할 수 있는 방법을 찾고 있다는 걸 알 수 있다. 그러나 이것을 중요한 문제로 보는 회사의 수는 여전히 적은 편이다.

아울러 조직에서 다루어지고 있는 방식이 윤리적이기를 바란다. 대다수 사람들은 윤리를 중요하게 여긴다. 거의 모두가 가치선언서와 행동강령을 통해 윤리를 강조하고 있다. 어떤 경우에는 리더십 개발 프로그램에서 제기하기도 한다.

《성공하는 사람들의 7가지 습관 Built to Last》의 저자 스티븐 코비 Stephen Covey는 엔론 같은 스캔들이 더 발생할 수 있다고 예견한다. 그의 예견이 옳을지도 모른다. 2005년 여름 월드컴의 전 CEO는 110억 달러 사기죄로 유죄판결을 받은 후 징역 25년형에 처해졌다.

스티븐 코비는 전통적 리더십 접근법과 관리 도구는 미래 생존을 위해 적합하지 않다고 밝히고 있다. 그는 상의하달은 효과가 없다고 주장한다. 또한 거대한 국제적인 회사의 일부 기존 관리 계층은 사라져야 하며, 엄격한 통제 시스템은 실패한다고 주장한다. 이러한 관행은 미래가 아닌 과거의 것이다. 코비는 그것들은 신뢰 결여에 기반을 두고 있으며, 신뢰와 성실성은 우리 앞에 놓인 도전을 성공적으로 해결하는 열쇠라고 믿는다.

스티븐 코비는 또한 현대 세계의 전통적인 리더십은 현대의 교육 수준이 높은 근로자들을 부적절한 방식으로 다루고 있다는 피터 드러커의 주장을 차용한다. 또한 현대의 근로자가 자신들이 일하는 조직을 위해 기꺼이 자신의 능력을 최대로 발휘할 수 있는 환경을 만들기 위해서는 도덕적인 리더십이 필요하다고 주장한다. 이러한 도덕적인 리더십은 직원이 서로를 신뢰하고 자신이 알고 있는 것에 집중하는 것이 성공적인 근무를 위한 가장 중요한 것이 되는 상황을 목표로 해야 한다.

리더십은 사람들이 함께 일하기를 기대하는 방식을 위해, 그리고 중요하다고 느껴지는 가치를 위해, 조직의 전략적 방향을 위해 설정된 원칙 아래 고용인이 집중할 필요가 있는 방향 설정, 그리고 이러한 것이 효과적으로 일어나도록 연대성을 자극하는 것을 포함한다.

스티븐 코비는 현대의 리더십은 일차적으로 신뢰성과 성실성에 관한 것이라고 믿는다. 이것은 조직의 모든 차원에서 신뢰를 쌓기 위한 전제 조건이다. 이것이 없다면 솔직한 커뮤니케이션은 어려울 것이며, 정서적인 유대감은 존재하지 않을 것이다. 그는 신뢰 수립을 21세기 조직의 가장 중요한 도전 과제로 보고 있다.

명확한 비전으로 신뢰를 쌓아라

최근에 비즈니스 리더들이 미심쩍게 행동한 일련의 주목할 만한 사건들이 있었다. 많은 압력과 변화의 속도가 이러한 사건들이 생기도록 부추겼다. 그러나 위급 상황 시 다른 이들은 그렇게 하지 못하는 반면, 일부 리더들은 자신들의 믿음을 고수함으로써 그리고 자신들의 인성적 강점을 이용하여 이해관계자들의 신뢰를 얻는다. 이러한 리더들은 그들 자신의, 그리고 그들 조직의 가치를 명확히 함으로써 신뢰를 쌓는다.

《일터에서의 신뢰와 배반 *Trust and Betrayal at the Workplace*》의 공동 저자인 미첼 레이나 Michelle Reina는 의도적이든 의도적이지 않든, 신뢰 위반 또는 위반을 지각하는 광범위한 상황이 있을 수 있음을 지적한다. 월드컴의 CEO가 명확한 예이지만, 신뢰를 존중하는 방식으로 행동하는 것과 신뢰가 흐려지고 바르지 않은 기반 아래서 행동하는 것 사이의 경계에서 많은 다른 상황들이 발생한다.

예를 들어 이러한 상황들은 해고를 낳는 재조정, 권위 없는 위임, 합의 불이행, 그리고 비현실적 실적 목표를 부여하고 받아들이는 것을 포함한다.

가치와 성실성과 관련된 리더십이 앞으로 훨씬 더 중요하게 받아들일 것이라고 예측할 수 있다. 우리는 현대의 리더들이 개인적인 신뢰성과 성실성으로 조직의 신뢰를 수립하기 위해 필요한 능력을 개발하도록 도와주어야 한다고 생각한다. 이것의 성공은 그들이 어떻게 팀 내 소수 의견을 다루는가, 어떻게 위임된 비판을 조직화하는가, 그리고 어떻게 개방적이고 정직한 피드백 문화를 창출하는가에 달려 있다.

정기적으로 비전을 체크하라

훌륭한 회사들은 2년 간격으로 정기적인 인적자원 관련 조사를 수행하고 있으며, 조사 결과에 따라 행동을 개선한다. 우리는 위에서 말한 리더십 문제의 긴급 상황 시 이것만으로는 충분하지 않다고 믿는다.

우리는 2년 간격으로 시행되는 대규모 인적자원 조사를 통해 제한된 수의 중요한 리더십에 초점을 맞춘 '맥박 체크'의 필요성을 분명히 느꼈다.

다시 말해 긴급 상황은 항상 존재하므로 현대 과학기술의 도움을 받아 더 자주 정기적인 점검을 해야 한다.

세계적 규모의 설문조사

메리어트Marriott는 글로벌 인적자원 조사가 쉽고, 직원 친화적이며 비관료적인 방식으로 전 세계의 메리어트에 필요한 모든 것을 충족시키기를 원했다. 회사는 효율적인 방식으로 세계적인 조사를 수행할 수 있었고, 경영 리더들은 결과를 분석하고 문제를 처리하기 위해 행동을 취할 수 있었다.

메리어트 직원의 설문 조사는 매년 이루어지고 있으며, 전 세계 1,300개 이상의 메리어트 체인과 15만 명 이상의 직원을 대상으로 한다. 이 과정에서 중요한 도전 과제는 참여한 전 메리어트 직원의 요구조건을 받아들여 결정하는 것이다.

그리고 열심히 조력하는 메리어트 직원에게 24시간 지원하기 위해 혁신적인 '헬프 데스크' 웹사이트가 마련되었다.

사이트는 주제별로 나뉘어 있으며, 키워드로 검색 가능한 매우 상세한 '자주 묻는 질문들' 항목을 포함하고 있다. 이러한 FAQ 자원은 조사 코디네이터들이 가장 보편적인 조사 이슈에 관해 즉각적으로 솔루션을 찾도록 해준다. 회사가 '헬프 데스크' 웹사이트를 관리하기 쉽게 조사과정을 만드는 것은 조직 개선을 추진하기도 쉽거니와 또한 조사 결과를 효율적으로 이용하도록 함으로써 회사가 정말로 중요한 것에 집중할 수 있도록 해준다.

증권시장에서는 날마다 회사들에 대한 보고서가 제공되고 있어서 그 회사에 대한 재정 상태가 어떤지 알 수 있다. 그런데 이와 함게 특정 조직에서 리더십이 어떻게 이루어지고 있는지에 대한 인적 자원에 대한 척도를 가질 필요가 있다. 리더십 인식과 리더십 행동을 모니터하기 위해 정기적으로 '맥박 체크'를 착수한 회사는 광범위하게 퍼져 있지 않지만, 그럼에도 불구하고 우리는 그러한 회사가 가장 중요한 최전선에 있다고 믿는다.

360도 혹은 멀티소스 피드백 시스템 사용을 채택한 회사에도 동일한 것이 적용될 수 있다. 우리는 이러한 도구와 시스템이 리더십 행동에 매우 유용한 피드백을 제공하고, 직원들로부터 최고를 끌어내는 풍토를 세울 수 있도록 한다고 믿는다.

전략적인 틀을
마련하라

• 몇 개의 명확한 전략 우선순위가 있는가?

• 전략 우선순위를 모든 핵심 이해관계자에게 설득력 있고 고무적인 방식으로 전달했는가?

• 전략 우선순위가 구체적이고 실제적인 행동으로 이어졌는가?

• 핵심적인 혁신을 위한 프로그램이 명확하게 짜여 있는가?

• 비즈니스의 목표와 계획에 구성원들의 포부가 충분히 담겨 있는가?

• 특정 비즈니스 활동이 끝나면 자원을 신속하고 적절하게 재배분하는 과정이 있는가?

지난 15년 동안 전략 개발과 전략 계획은 높은 주목을 받아 왔다. 이것은 미래와 미래 도전 과제를 좀 더 잘 준비하기 위한 시도로 이루어진 것이었다. 물론 많은 조직들은 분명 전략과 전략 계획에 대한 좀 더 구조화된 접근법을 통해 혜택을 입어왔다.

그러나 엄격하게 심사숙고된 전략적 계획 접근법이 5~10년 동안 외부 요인에 의해 영향을 받게 될지 잘 모른다는 인식이 최근 몇 년 동안 증가하고 있다. 게다가 전략 계획 활동은 조직에서 이용할 수 있는 진정한 역량 아래 외부에 있는 또는 근접해 있는 새로운 기회를 개척하는 대신, 때때로 '기존의 것을 더 수행하기'에 초점을 맞추어 왔다.

전략적인 틀이 왜 중요한가

모든 전략 선언서와 전략 개발 과정을 구성하는 데는 많은 요소들이 필요하다. 가장 먼저 전략적인 틀이 필요하다. 조직은 그것이 속한 부문과 산업에서 어디에 위치해 있는지를 명확히 해야 한다. 이는 조직이 처한 환경, 또는 미래에 원하는 환경에 맞추어 설정되어야 한다.

전략 선언서는 조직이 어떻게 경쟁에 맞서 성공할 것인지를 설명하는 것이어야 한다. 또한 조직이 어떤 방법으로 다른 경쟁자보다 더 우수하고 더 빨리 움직여서 경쟁자와 차별화할 것인지 명확히 해야 한다. 미래를 위한 야망을 정립하고, 과거보다 성공하기 위해 미래의 조직은 어떻게 달리 행동할지 명확히 밝히는 것이다. 아울러 미래 성과와 성공을 측정하기 위해 중요한 성과 지표를 제공하는 재정 틀로 바꿀 필요가 있다.

도전이란 경쟁 업체 상품을 단지 벤치마킹하고 그 방법을 모방하는 것이 아니다. 미래의 독자를 개발하고 그것을 활용하는 방법을 창출하는 것이다. 게리 해멀Gary Hamel과 프라할라드C. K. Prahalad는 개척이 벤치마킹보다 훨씬 더 가치가 있다고 주장했다. 개척은 전략과 창조성, 용기, 그리고 조직에서 이용할 수 있는 역량에 대한 극히 우수한 지식을 개발하기 위해 근면과 엄격한 과정을 요구한다.

짐 콜린스도 조직이 어떠한 열정을 가지고 있는가, 경제적인 동력이 무엇인가, 그리고 세상에서 최고가 될 수 있는 것은 무엇인가를 깊이 이해하는 것이 중요하다고 강조한 바 있다.

전략 실행하기

지적으로 이해되는 전략적인 틀을 만드는 과정에서 첫 번째 필요한 단계는 그것을 더욱 구체적인 행동으로 옮기는 것이다. 우리는 이 과정을 전략 실행이라고 부른다. 대부분의 회사들은 일종의 '전략 실행' 접근법을 가지고 있다.

전략 실행은 보통 전략의 본질 또는 전략 방향에서 바람직한 변화를 주의 깊게 반영하는 비전의 공식화 또는 사명 선언서부터 시작한다. 이러한 비전 또는 사명은 제한된 전략적 공세를 취하기 위해 만든다. 현대적인 용어로 말한다면 꼭 이겨야 하는 전투이다. 전략적 공세 또는 꼭 이겨야 하는 전투는 생존과 성공을 위해 조직이 반드시 이루어야 할 극히 중대한 목표들을 획득함으로써 전략을 보강한다. 각각의 전략적 공세 또는 꼭 이겨야 하는 전투는 전략을 성공적으로 수행하기 위해 착수되어야 할 핵심 활동과 핵심 행동 안에서 성취되고 명확해진다. 그리고 마지막으로 중요한 성과 지표가 진보와 성공 또는 실패를 측정하기 위해 정해진다.

다양한 이해관계자와 조직의 다양한 관리 수준을 포함함으로써 비교적 높은 수준으로 연결할 수 있다. 전략 실행 접근법의 위험성은 그 과정이 너무 관료적이 될 수 있다는 것이다. 그러나 이것을 피한다면, 전략 실행은 유용한 도구임에 분명하다.

인재 경영은 전략 실행 과정이 적절히 조직되고 이해되는지 파악할 수 있다. 전략 실행 과정의 결과는 개인과 팀을 위해 진정으로 전략과 연결된 작업 계획을 정의하기 위해 사용될 수 있다. 이것은 인재 경영 팀 자체를 위한 연결된 작업 계획을 포함한다.

인재 경영의 또 다른 책임은 역시 전략과 연결된 변동급여 및 보너스 체계를 설계하는 것이다. 작업 계획과 변동급여 시스템을 전략 틀과 연결시키면, 이것은 강력한 결합이 될 수 있다.

불행하게도 현실에서 이러한 결합은 찾아볼 수가 없다. 우리는 변동급여 시스템의 설계 또는 재설계는 보통 수행되는 것보다 더 능동적이 되어야 한다고 주장한다. 기본적으로 모든 전략적 검토는 보상 관례, 특히 변동 보상 부분에 대한 검토가 수반되어야 한다. 인재 경영 차원에서 보다 적극적인 접근은 더 신속하고 우수한 전략 실행에 진정한 가치를 더할 수 있다.

커뮤니케이션은 원활하게

많은 조직들이 공개적으로 그들의 전략이 현재 무엇이며, 앞으로 무엇이 될지, 어떻게 그것을 실행할 것인지, 성공 척도가 무엇이 될지 등을 말한다. 만일 회사가 이러한 목표들을 능동적으로 추구하지 않는다면, 애널리스트 또는 다른 이들이 그들 나름의 결론을 내리고, 목표에 대한 회사의 성과를 측정하게 될 것이다.

어떤 회사들은 지난 10년 동안 외부로부터 개방과 투명성 확보에 대한 요구에 전략과 전략 방향, 그리고 목표를 수정해 왔다. 그러한 요구는 때때로 조직의 전략 방향을 내부보다 외부세계에 전달하는 상황을 가져왔다. 이러한 순서는 분명히 잘못된 것이다.

우리는 핵심 메시지가 외부와 내부에 동일한 방식으로 동시에 전달되어야 한다고 주장하지는 않는다. 동일한 방식으로 메시지를 전달하는 것은 이해관계자와 애널리스트에게 보여졌던 동일한 전략 선언서와 프레젠테이션이 내부적으로도 사용되는 상황을 가져오기 때문이다. 이것은 조직의 소수 사람들에게 효과가 있을지 모르지만, 대다수 직원들에게는 분명 이해되지 않을 것이다.

비교적 짧은 시간 안에 얼마나 자주 전문용어가 생겨나고 특정 어구들이 유행되며 빈번히 사용되는지 안다면 정말 놀랄 것이다. 이것은 그 자체로는 대단하지만, 그러한 어구에 대한 적절한 정의 또는 이해가 없이, 그리고 진정한 의미 없이 그러한 일이 발생한다면, 문제가 있다. 아마도 모든 독자들이 다음과 같은 예를 적어도 두세 가지 생각할 수 있을 것이다.

- 우리는 최상의 운영 틀에 높은 우선순위를 둘 것이다
- 우리는 경쟁에서 이기기를 원한다
- 준비된 성장
- 우리가 하는 일을 더욱더 잘하기
- 우리는 최고의 혁신 기업이 되기를 원한다

이러한 말이나 어구들은 그 자체로는 옳을지 모르지만, 좀 더 현실적인 용어로 그 말들이 의미하는 것을 이해하는 것, 일상 업무에서 그러한 말들을 실현하기 위해 조직의 사람들이 기대하는 것을 이해하는 것은 매우 중요하다.

이러한 전략의 운영화 과정이 노력과 시간을 필요로 한다는 것은 아무리 강조해도 지나치지 않다. 인재 경영은 작업 계획이 효율적으로 이루어지는 과정을 만듦으로써 가치를 더할 수 있다.

실행 금지 항목 만들기

많은 조직의 사람들이 너무 많은 부담을 느끼고 있다. 새로운 전략을 보강하기 위해 전략 검토 결과를 발표하고, 새로운 이니셔티브를 시작하는 일련의 일들은 그 결과가 더 집중화된 우선순위가 될 것이라는 인식을 가져와야 하는데도 업무량이 더 커질 것이라는 인식이 더 우세하다. 이것은 멈출 필요가 있는 활동들을 멈춤으로써 어느 정도 대처할 수 있다. 우리는 그러한 활동들을 '머스트 스톱 Must Stop'이라고 부른다.

‘머스트 스톱’은 다른 새로운 활동을 위한 공간을 만들고 새로 결정된 우선순위 작업을 위해 필요한 에너지를 발산하기 위해 필요하다. 어떤 프로그램과 활동들을 멈출 것인가를 명백히 전달하는 것은 사람들과 팀이 먼저 자신들의 우선순위를 재검토하고 자신들의 새로운 작업 계획을 새로운 전략 틀과 일치시키도록 도와준다. 전략 실행 과정의 결과는 선택한 전략과 ‘꼭 이겨야 하는 전투’를 실행하기 위해 이루어질 필요가 있는 것들을 위해 명확한 지침을 줄 것이다. 이러한 ‘해야 할 일’의 항목이 ‘머스트 스톱’의 항목으로 옮겨가야만 체크리스트로서의 역할을 잘할 수 있다.

위에서 말한 것을 이루는 또 하나의 방법은 이른바 황금률Golden Rules을 이용하는 것이다. 이러한 규칙은 특정 조직에서 이룰 필요가 있는 것들의 성취 방법에 대한 지침을 제공한다. 예를 들면 어떤 것을 완료하거나 정지하기 전에 새로운 이니셔티브를 시작하지 마라. 많은 인재 경영 부서들이 엄격한 ‘머스트 스톱’ 과정과 황금률로부터 분명히 혜택을 입게 될 것이다. 특히 조직의 다양한 부분들이 완전히 일치되지 않았거나 지원을 요구하는 많은 다양한 이니셔티브를 수행하는 조직에서, ‘전략 실행’과 ‘머스트 스톱’ 프로그램은 능률적으로 활동하고, 인재 경영의 명확한 프로필과 기대할 수 있는 기여를 더욱 잘하도록 도울 수 있다.

즉 경쟁자보다 더 우수하고 빠르게 되는 것, 그리고 라이벌과 차별화를 어떤 방식으로 원하는지를 제시하는 명확한 틀을 조직은 가져야 한다. 미래에 대한 포부 수준을 정의할 필요가 있으며, 과거보다 더욱 성공하기 위해 조직이 다른 어떤 행동을 할지를 명확히 해야만 한다.

조직 운영은 체계적이고 간소하게

- 목표와 업무 계획은 전략 우선순위대로 정렬되어 있는가?

- 조직 구조는 전략 우선순위에 맞게 정렬되어 있는가?

- 업무 프로세스는 전략 우선순위에 맞게 정렬되어 있는가?

- 한 매니저당 평균적으로 관리하는 인원이 최소 6명인가?

- 비교 대상이 되는 조직보다 매니저당 평균 수익(생산)이 높은가?

- 비교 대상이 되는 조직보다 관리 계층의 수가 적은가?

'정렬'은 그 의미 자체로 보면 너무 정적이어서 조직 내 정렬이 어떤 의미를 가지는지 명확하게 설명할 수가 없다.

업무 계획을 전략 우선순위에 맞게 정렬해야 한다는 것은 전략 우선순위를 업무 계획의 일부로서 계속 적용하거나, 업무 계획에 추가 정보와 좋은 말을 보태는 것 이상을 의미한다. 필요한 것은 전략 우선순위와 그 배경에 대해 충분히 이해하는 일이다. 그 일이 가능하려면 비즈니스가 이루어지는 환경 안에서 전략 우선순위가 의미를 가져야 한다. 또한 전략 우선순위를 받쳐주는 특정 핵심 활동이 좀 더 상세하고 우선적으로 정의되고 작동되어야 한다.

이런 방식으로 서로 정렬하다 보면 좀 더 역동적인 활동이 되고, 조직의 다양한 사람들을 더 많이 포함시키고 관여시키게 된다. 이 과정은 최상부에서 시작될 수 있지만, 하급자에서 비롯되는 중요한 측면 역시 존재한다는 것은 명백하다.

신체 해부도 같은 조직을 정렬하라

조직과 구조의 관계는 신체와 해부도의 관계와 같다. 구조는 자산과 자원을 어떻게 조직에 배분할지, 또 역할과 책임을 어떻게 할당할지를 뜻한다. 즉 신체에서 뼈, 근육, 머리, 발, 장기 등의 경우와 매우 유사하다.

특정 조직을 위한 유일하게 옳은 구조는 하나도 없다. 그러나 조직 구조는 조직이 전략 우선순위를 성공적으로 수행하도록 하는 방식으로 설계되어야 한다. 즉 구조와 전략 우선순위가 연결되는 것이 중요하다.

포괄적 비즈니스 모델

비샤이 인터테크놀로지Vishay Intertechnology는 전자부품 제조업체이다. 약 30억 달러의 총매출액과 전 세계에 2만 7,000명의 직원을 가지고 있으며, 다른 회사들을 인수하고 통합함으로써 성장 전략을 지속하고 있다. 지난 10년 동안 비샤이는 6건이나 되는 인수를 완료했다.

회사가 '고객접점 통합' 전략을 실현하면서 생긴 가장 큰 도전 과제는 기존 조직과 인수한 기업을 수월하게 통합하는 포괄적 매트릭스 구조를 정의하는 것이었다. 현재 모든 비샤이의 사업부와 모든 지역에서 경영진 내부의 책임을 분석하고 있다. 이들은 이것을 실행함으로써 의사 결정 과정을 명확히 할 수 있었고, 효율성을 향상시켰으며, 권력다툼의 횟수를 줄였다.

비샤이는 포괄적으로 접근을 함으로써 자신들이 새로 인수한 회사에 대해 매우 명확한 비즈니스 모델을 수립할 수 있도록 했다. 더구나 포괄적 비즈니스 모델은 등급 모델과 인재 관리 같은 관리 도구를 추가함으로써 회사가 비용 구조를 효율적으로 관리하고 성과를 향상시키도록 해주었다.

만일 회사가 제한된 수의 글로벌 브랜드를 통해 급성장과 시장 점유율을 획득하는 전략을 가지고 있다면, 그러한 회사가 지역적 수준의 브랜드 전문가를 가질 필요가 없다는 것은 명백하다. 오히려 회사는 최고의 브랜드 개발과 브랜드 커뮤니케이션 마케터를 가진 강력한 중앙 팀을 원할 것이다.

만일 회사가 서비스 산업에 속해 있고 경쟁 업체보다 고객들에게 최고의 서비스를 제공하는 전략을 가지고 있다면, 필요한 모든 곳에서 우수한 운영자가 있는 강력한 지상부대를 가지는 것이 훨씬 더 이치에 맞는다.

그런데 이와 달리 회사가 기본적으로 제품 가격을 낮추는 전략 우선순위를 가지고 있다면, 이 조직은 조달 활동에 적합한 중앙 팀과 다양한 공장에 대해 가장 비용 효율적인 제품 할당을 위한 공급 체인을 가지길 원할 것이다. 반면 동일 회사가 광범위한 공급 체인의 일부로서 현지 비용 효율 프로그램, 구조 개혁, 직원 관계 등을 성공적으로 관리하기 위해 강력한 현지 공장 매니저를 가지는 것을 선택할 수 있다.

이러한 예들은 거의 무제한으로 들 수 있다. 따라서 중요한 것은 조직이 전략 우선순위를 성공적으로 수행할 수 있도록 조직 구조를 튼실하게 만드는 것이다.

이미 언급한 보기들은 조직 구조에 관한 한 극히 독단적인 선택이 효과가 없다는 것을 증명한다. 너무나 자주 조직 구조의 설계에 대한 논의들은 오랫동안 흑백논리가 되어 왔다. 그러나 완전 집중 구조나 완전 분권 구조를 가지는 선택이 이루어져서는 안 된다. 비용을 낮출 필요가 있는 회사들은 제품량 할당을 위해 중앙 집중화된 구매 팀과 공급 체인 팀을 갖지만, 광범위한 공급 체인 네트워크의 일부분인 분권적 공장 매니저를 가질 수도 있다.

세계적인 거대 기업 내 논의가 완전한 국가 기반 조직 구조 혹은 완전한 세계 또는 지역 기반 구조를 가지는지에 집중할 때 또 다른 표면적인 모순이 나타난다. 어떤 부분은 국가적으로 가장 잘 조직화되고, 또 어떤 부분은 세계적 혹은 지역적으로 가장 잘 조직화된다. 코카콜라는 세계적 수준에서 제품 방식과 브랜드 전략을 관리하기를 원하는 반면, 상점 내 코카콜라의 가용성과 가시성은 지역적으로 관리된다.

유니레버 아이스크림 회사는 다음의 결합을 필요로 하는 조직의 훌륭한 예이다.

- 세계적 혁신 프로그램과 지식의 전달
- 지역 공급 체인 효율성
- 현지 적응과 유연성

우리의 경험상 세계적인 거대 기업들이 이러한 세 가지 영역에서 필요한 능력에 대해 질문하는 것은 중요하다. 즉 혁신과 노하우의 전달, 경쟁력 수준을 제고하는 효율성, 그리고 적응과 유연성 등으로 나누어 질문한다. 이를 통해 조직 구조가 어떻게 설계되었는가를 알 수 있을 것이다.

이 질문에 대한 대답은 당신이 속한 산업 또는 부문에 따라 다를 수 있다. 일반적으로 화학 공업은 포장식품 사업보다 훨씬 높은 수준의 세계적 통합을 필요로 할 것이며, 반면 화장품 사업은 그 중간쯤에 있을 것이다.

우리의 경험상 비즈니스 단위의 역할을 통해 공급자, 고객, 소비자, 거래처 등을 다루는 '기반에서' 생각하는 것은 유용한 두 번째 단계이다. 너무나 자주 그것들은 '일률적인 적용'을 해왔다. 각각 단위의 상대적 강점과 그것들이 가진 상대적인 전략적 영향을 평가하는 것은 중요하다. 이러한 평가는 다양한 단위에 대한 다양한 전략적 역할을 결정하도록 이끌 것이며, 이것은 조직 구조면에서 다양한 솔루션을 요구할 수 있다.

다른 조직을 벤치마킹하라

조직은 점점 더 복잡해지고 있다. 그래서 많은 조직에서 단순화를 요구하는 목소리가 커지는 것도 놀라운 일이 아니다. 어떤 리더들은 복잡성을 단순성으로 끌어내려야 한다고 말할 정도이다. 우리는 이것이 이루어질 수 있다고 믿지 않는다. 우리는 불필요한 복잡성은 피하되 피할 수 없는 복잡성은 효율적으로 관리되는 방식으로 조직이 작동되어야 한다고 믿는다.

일부 조직들은 다른 조직들보다 복잡성을 더 잘 다루는 능력을 개발해 왔다. 단일 지점 책임은 누가 무엇을 하는지, 그리고 누가 무엇을 결정하는지에 대해 사람들이 명확하게 알 수 있도록 도와준다. 관리 계층을 적게 두는 것은 의사소통 구조를 간명하게 해서 소통과정에서 일어나는 문제점을 줄인다. 적절한 위임 시스템은 직권자가 조직의 최저 수준에서 결정할 수 있도록 도와주고, 그것은 의사 결정 과정을 빠르게 한다.

자신의 조직을 다른 조직과 비교하기 위해 벤치마킹이 중요하게 되었다. 그래서 개선을 위한 기회들이 더욱 확대되고 있다. 세계적인 거대 기업에서 내적 벤치마킹 기회는 논리적 첫 단계이다. 조직의 일부분에서 배운 것을 조직의 다른 부분으로 전달하는 능력에 따라, 내적 벤치마킹은 실제로 이익이 될 수 있다.

조직과 그 운영 방법을 비교하기 위해서는 측정 기준을 정해야 한다. 그러나 큰 조직에서 각 부분 간의 차이점, 왜 어떤 것은 특정 환경에서 효과가 좋지만, 다른 환경에서는 그렇지 않은지 등을 밝히기 위해서는 전문가 간 정보에 입각한 대화가 필요하다.

이때 필요한 것이 바로 조직의 측정 척도이다. 체크리스트에서 우리는 다음 세 가지 측정 척도를 선택했다. 그 이유는 이것들이 일반적으로 모든 조직에 걸쳐 적용될 수 있기 때문이다.

• 관리계층 수 : 너무 많은 계층은 커뮤니케이션을 방해하고, 빠른 결정을 내리고 행동하는 것을 막는다.

• 평균 관리 범위 : 높은 성과를 내는 조직은 비교적 높은 관리 범위를 가진다는 것을 연구를 통해 알 수 있다. 한 매니저에 대한 10명 이상의 직속 부하, 반면 평균 성장 조직의 관리 범위는 4~6명의 범위에 있었다. 높은 성과를 내는 조직은 적절하게 위임하고, 능력이 높은 사람들이 있으며, 명확한 운영 틀을 사용함으로써 관리 범위를 넓혔다. 더 높은 관리 범위는 관리 계층의 수를 감소시키는데, 이를테면 1,000명의 관리 인구와 관리 범위를 가진 조직은 5개의 관리 계층을 필요로 한다. 만일 동일 회사가 좀 더 작고 우수한 조직을 만들고 더 나은 관리 범위를 창출한다면, 단지 4개의 관리 계층만으로도 충분할 것이다.

• 매니저 또는 직원당 평균 수익 : 비영리 조직의 경우, 조직에서 산출한 핵심 결과로 대체되어야 한다. 유니레버 아이스크림 회사의 경우, 매니저 또는 직원당 수익은 가장 낮은 단위와 가장 높은 단위 간에 중간 정도의 비율 차이가 있었다. 그러한 차이 중 일부는 경제 환경, 통화 흐름의 객관적 차이에서 비롯되었지만, 일부는 객관적 요인이나 단위의 영향을 받지 않는 것도 사실이었다.

우리는 앞에서 명확한 전략 틀을 가지는 것이 중요하다고 논의한 바 있다. 리더십은 조직을 통해 전략 개발과 작업 계획, 그리고 실천 계획의 책임을 가지고 있다. 단위, 부서와 개인을 위한 전략 계획과 작업 계획 사이에 연결이 좋을수록 조직이 그 목적과 목표를 전달할 수 있는 기회는 많아진다.

우리는 '전략 실행'의 과정이 조직 정렬을 위한 중요한 도구라는 것을 이미 지적했다. 많은 조직에서 작업 계획과 목표가 변동급여 시스템과 연결되어 있기 때문에 또한 보상에 대한 암시는 암암리에 존재한다. 작업 계획과 목표가 잘 연결되면 특히 변동급여 시스템에서 보상과 보상 시스템 인식에 긍정적인 효과를 끼친다. 반면에 작업 계획과 목표가 잘 연결되지 못하면 부정적인 효과를 끼친다.

잘된 업무 정비가 곧 조직의 능력

한 조직에서 전략 우선순위에 맞게 업무가 잘 정렬되는 것은 중요한 조직 능력을 나타낸다. 핵심 역할에 맞는 양질의 사람을 소유하는 것, 인재를 개발하고 잘 채워진 인재 파이프라인을 가지는 것도 동일한 것이 적용될 수 있다. 이것이 비즈니스에 가치를 더할 수 있는 인재 경영의 영역이다.

벽을 허물고 협력하라

스탠더드앤드푸어스Standard&Poor's는 세계 3대 주요 신용 등급 기관 중 하나이다. 신용등급 기관이 서비스하는 신용 발행자와 투자자 시장은 급속히 변화하고 있다. 그들은 기관으로부터 더욱 통합된 서비스와 자기충족적 신용 분석 개발을 요구하고 있다.

스탠더드앤드푸어스의 전략은 이러한 발전하는 시장 요구를 충족시키는 것이었다. 그러나 그 조직 구조와 지원 시스템(예를 들어 보상과 자본 배치)이 손익 운영 모델에 기초한다는 점에서 기관은 중대한 도전에 직면했다. 스탠더드앤드푸어스의 전략과 구조 분석이 일련의 진단 도구를 사용해 실행되었고, 이러한 강력한 손익 모델이 협동이 아닌 내부 경쟁을 촉진한다는 것을 밝혀냈다. 이러한 연구 결과는 분석 중 확인된 소통 부족 문제를 해결하기 위한 조직의 재설계를 이끌었다.

프로젝트 결과는 장벽을 제거하고, 진정한 최고 팀 협력을 가능하게 하는 새로운 구조였다. 고객은 전략과 일치하는 조직 구조와 직무 요건을 획득했다. 구조와 직무 요건은 임원 평가, 선택, 개발을 위해 사용된 역량의 개발을 가능하게 했다. 통합된 조직 재설계와 역량 기반 평가는 스탠더드앤드푸어스에 이전에 찾을 수 없었던 고성과 최고의 팀을 창조하는 기반을 주었다.

정렬되고 간소한 조직을 만들기 위해서는 다음의 사항들이 필요하다.

- 기술 교양과 훈련
- 학습 네트워크 또는 실행 공동체 창조 : 특히 큰 조직에서 조직의 한 부분으로부터 취한 학습을 다른 부분으로 전달하는 것은 성장하고 혁신하는 조직의 능력에 중요한 영향을 끼칠 수 있다.
- 팀워크 문화 수립 : 상호 의존 조직에서 팀워크는 효율적으로 일을 하기 위해 필수적이다.

최고의 수행 능력을 갖춘 팀으로 만들어라

- 다기능 팀은 우선적으로 추진해야 하는 활동에 적합한가?
- 팀은 리드 그룹이 승인한 명확한 개요서를 가지고 있는가?
- 팀은 정말 자율적으로 업무를 관리하는가?
- 팀은 과제를 수행하기 위한 적합한 도구를 가지고 있는가?
- 팀워크를 다져 주는 공식적인 훈련이 있는가?
- 필수적인 팀 기술과 역량을 체계적으로 재검토하는 과정이 있는가?
- 이기기 위한 행동을 부추기는 리더십 역량 모델이 있는가?

우리는 앞에서 비전과 가치의 공유, 전략 우선순위, 그리고 그러한 우선순위를 효율적으로 실행하기 위해 연결된 조직의 중요성을 살펴보았다. 조직 내 다양한 수준에서의 설득력 있는 커뮤니케이션이 매우 중요하다는 것도 강조한 바 있다.

이 모든 것이 성공적으로 이루어졌다고 가정하면, 다음 도전 과제는 무엇일까? 가능한 최고의 방식으로 일을 수행하기 위해 어떤 능력이 요구되는 것일까?

우리는 앞장에서 조직을 위해 주의해서 정교히 만든 상급 리더십 팀, 장기적 리더십 개발과 인재관리에 관해 이야기했다. 이 작업은 성공적인 성과를 얻기 위해 필요한 능력 영역을 나타낸다.

우리가 여기서 다루고자 하는 또 하나의 능력 영역은 '큰 수행 능력을 지닌 팀'이다. 모든 조직은 팀을 가지고 있다. 어떤 이들은 심지어 팀이 조직의 가장 중요한 구성 요소가 되었다고 주장한다. 여기서 우리가 다룰 문제는 어떻게 팀의 효율성을 향상시킬 수 있으며, 그리하여 고성과 팀으로 만드는가이다.

팀, 특히 다양한 팀의 효율성과 팀의 혁신 능력을 위한 이것의 중요성에 관해 몇 가지 새로운 통찰이 있다. 이러한 특정 논제에 이 주제의 많은 부분을 할애할 것이다. 왜냐하면 더 우수한 성장을 하는 조직에 인재 경영이 기여할 수 있는 도전 과제와 기회가 존재한다고 믿고 있기 때문이다.

그 전에 일반적인 팀워크와 높은 성과를 내는 팀의 다른 점을 살펴보자.

팀의 4가지 발달 단계

팀은 시간을 두고 발전한다. 그래서 다양한 발전 단계를 지닌 팀은 외부 세계에 다르게 보일 수 있다. 이것은 높은 성과를 내는 팀과 이와 아주 거리가 있는 팀이 반드시 나쁜 팀이라는 것을 의미하는 것은 아니다. 더 오랜 기간을 거쳐 좋은 팀워크를 보이는 팀은 더 이상 향상할 수 없는 성과를 나타낼 수도 있다. 그들은 결코 높은 성과를 내는 팀이 되지 못할 것이다.

브루스 터크만Bruce Tuckman은 자신의 논설에서 팀의 발달 단계를 확인할 수 있는 유용한 모델을 제공했다. 그 단계는 다음과 같다.

- **형성기** : 팀 구성원들이 단결해 팀을 구축한다.
- **격동기** : 의견과 스타일의 차이가 표면 위로 떠오르고 팀 구성원들은 자신의 이익에 우선순위를 두고 싶어하는 매우 혼동스러운 단계이다.
- **규범기** : 팀 구성원들은 팀에서 기대하는 역할을 받아들이기 시작한다. 팀은 규칙과 작업 방식을 개발한다. 상호 의존이 더욱 중요하게 된다.
- **수행기** : 팀은 개인보다 더욱 중요하다. 목표가 이루어졌다는 자신감이 있다. 팀 구성원들은 서로의 작업을 보완하고 상호 신뢰를 보인다. 리더는 팀의 작업을 위해 적합한 조건을 창출한다.

터크만의 모델에 우리가 추가하는 단계는 다음과 같다.

• **성과기** : 팀은 결과를 전달하고 인정을 받는다. 팀은 이것으로 인해 고무된다. 신뢰를 바탕으로 팀 구성원들은 성과를 고양시키는 개인적 그리고 집합적 학습을 가속화시킨다.

성공을 부르는 네 가지 주문

성공적인 팀은 전략과 목표를 효율적으로 실체적인 행동과 결과로 바꾼다. 그들은 더욱더 신속한 결정을 하며 광범위한 조직 내에서 그들의 결정을 위한 지원을 창출한다. 그들은 변화하는 시장 조건 또는 조직의 변화에 더 빨리 적응한다. 이것은 명백히 더 우수한 결과로 이끈다.

팀을 성공적으로 만드는 몇 가지 핵심 조건은 다음과 같다.

명확하고, 참여적이며 의미 있는 방향 : 조직에 적합한 도전적인 목표는 팀을 동기화시킨다. 성공적 팀워크를 위해서는 명확함이 필요하다. 팀원들이 일을 할 수 있도록 명확한 방향성과 권한 부여를 한다는 것을 의미한다. 이러한 명확하고 도전적인 목표를 이루기 위해 모든 인재가 참여해야 한다.

자율경영 팀 구조 : 진정한 팀은 시간을 두고 결합되고 안정된다. 팀 구성원은 자신들의 공통 목표를 이루기 위해 상호 의존적으로 일할 필요가 있다. 그들은 팀워크와 내부 과정을 관리하기 위한 권한을 부여받는다. 또한 그들 자신의 행동 규범을 개발한다. 행동 규범에는 항상 이루어야 할 것과 결코 이루어서는 안 되는 것 등이

포함된다. 팀이 작업하는 광범위한 조직으로부터 지원을 받는다.

올바른 팀 구성 : 팀의 이상적 크기는 6명에서 7명이다. 종종 팀이 너무 큰 경우가 있다. 팀 구성원은 팀에 대한 무결성을 가질 필요가 있다. 개별적 팀 구성원들은 적합한 기술과 역량을 가질 필요가 있다. 특히 후자에서 정서 지능과(자기 인식, 무결성, 감정이입, 타인에 대한 영향) 연계된 역량이 가장 중요하다.

위에서 언급한 요인 외에도 광범위한 조직으로부터의 지원이 중요하다. 이러한 지원은 이중적일 수 있다. 첫 번째로 도덕적 차원이 있다. 특별히 리더십 팀으로부터의 가시적 지원이 없다면, 팀의 성공적인 수행은 어려울 것이다. 팀은 합의된 틀과 팀의 권한 내에서 결정할 수 있도록 권한을 부여받아야 한다.

분열 없이 팀 분할하기

팀은 광범위한 조직으로부터 지원이 필요하다. 한 세계적인 제약회사가 이사회와 한 부서 간에 갈등을 겪고 있었다. 비즈니스 전략 방향에 대한 이사회와 부서장의 의견 차이 때문이었다. 그것은 협력 부족과 신뢰 결여에서 비롯된 것이었다.

부서 내에서 부서장과 그의 팀은 자신의 길을 가기로 선택했고, 이사회는 부서 리더십 팀과 상의 없이 부서가 한 결정을 철회하고 변경했다.

이러한 간섭의 결과로, 부서 팀 구성원들은 자신들이 무시받고 있다고 느꼈다. 상황은 악화되었고 마침내 부서장은 사직했다.

그의 후임자는 팀의 자신감 회복이라는 어려운 과제를 맡게 되었다. 그는 곧 이사회의 지지가 매우 중요하다는 걸 깨달았다. 몇 번의 논의 끝에서야 이사회에서는 확실히 분할된 팀이 필요하다고 결정했다. 이사회는 공식적으로 분할된 팀과 새로운 팀 리더에 대한 자신감을 표명했고, 그 후에도 끊임없이 분할된 팀이 신뢰할 만하다는 뜻을 포함한 내용을 회사 측에 전달했다.

조직으로부터 두 번째 자원의 측면은 물질적인 지지이다. 이것은 적절한 정보 시스템의 이용 가능성과 물리적인 작업 환경을 포함할 수도 있고, 또한 팀 안에서 개인에 대한 공정한 작업 수행의 측정이거나 팀 전체에 대한 측정일 수도 있다.

여기서 우리는 팀의 구성을 가속화시키고 더 높은 작업 수행을 이루기 위한 훈련의 가능성과 그 중요성을 강조하고 싶다. 그 목적은 성공적인 팀의 포착으로 무엇이 조직에서 최고로 잘 이루어지는가에 대한 확인과 설계로서 조직 내의 구성원들이 이 지침을 효과적으로 이용할 수 있게 하고 그것과 관련된 훈련 프로그램을 구성하고 실행하기 위해서이다.

세계적인 팀을 만드는 비법

최근에 많은 회사들이 국제화된 작업 방식을 탐사하기에 이르렀다. 화학과 철강 산업에서는 산업 특성과 고객층에 기초하여 이런 과정들이 다른 산업들보다 일찍 1970년대와 1980년대에 일어났다. 이에 다른 산업들도 뒤를 이었고, 소비재 산업 같은 경우에는 1990년 초기에 이러한 물결에 합류하기 시작했다. 오늘날에는 이런 국제적인 차원의 지원이 없이도 어떻게 그런 큰 기업들이 그때까지 살아남을 수 있었는지에 대해 상상조차 하기가 힘들다.

더 최근에는 이러한 국제화 추세들이 한층 심화되기 시작했는데, 우리는 그것을 세계화라고 일컫는다. 오늘날 나이키, 코카콜라, 펩시, 맥도날드, 도요타, BMW, 마이크로소프트, 시스코, GE, 소니와 같이 많은 유명한 기업들은 전 세계에 분포하는 고객들을 한자리에 모아야 한다는 자세 없이는 살아남을 수 없을 것이라는 세계화에 대한 단면을 보여준다.

그렇다면 글로벌 기업이란 무엇인가? 어느 조직에서나 팀은 조직의 핵심 구성 받침대로서 가장 중요한 요소라고 할 수 있다. 과연 글로벌 팀은 도대체 어떻게 생겼으며, 어떻게 하여 그들 자신을 최고로 구성하고 고난도 수행을 거뜬히 해낼 수 있는 세계화된 팀으로 발전시킬 수 있었을까?

이것은 국가 간 장벽의 어려움을 느껴보지 못한 단일 국가의 회사에서 일해 온 사람들에게는 상당히 도전적인 질문들이다. 이는 팀의 개발과 관련된 사항이기도 하다. 성공적인 팀으로서 거듭날 수 있는 조건이나 고난도의 작업을 수행하기 위한 가능성과 경영상 가치를 현실화시키는 것은 모두 글로벌 기업에 해당되는 원인들이다.

그러나 이렇게 세계화된 기업에도 문제가 없는 것은 아니다. 바로 팀 전반에 걸쳐 잘 수행할 수 있도록 외국 지역에 혹은 전 세계에 걸쳐 관리를 해야 한다는 것이다. 그런 점으로 미루어볼 때 확실히 이런 기업들은 국가, 언어, 교육적인 점 등등에서 다양한 출신 배경을 가진 구성원들로 팀을 구성해 나갈 필요가 있다. 그렇다면 그러한 추가적인 문제의 특성은 무엇일까? 여기서는 팀의 발전 단계를 알아보기 위한 브루스 터크만의 모델을 다시 한 번 생각해 볼 수 있다.

- **형성기 :** 구성원들이 모여 팀이 이루어진다.
- **격동기 :** 다른 의견의 차이에서 오는 혼동 단계라고 할 수 있다. 구성원들은 자신들이 흥미 있는 것에만 우선수위를 두는 경향이 있다.
- **규범기 :** 팀의 구성원들이 팀에서 기대하는 역할을 받아들이기 시작한다. 팀은 규칙과 작업방식을 발전시켜 가므로 상호의존성이 더욱 중요해진다.
- **수행기 :** 팀이 개인보다 더 중요해지고 달성 목표에 관한 자신감이 생긴다. 팀의 구성원들은 서로의 업무를 칭찬하고 격려해 줌으로써 상호 신뢰를 쌓는다. 리더는 성공적인 팀의 업무수행을 위해 그에 알맞은 조건을 만들어 준다.

우리는 터크만의 모델에 다음의 단계를 추가시켜 볼 수도 있다.

- **성과기 :** 결과적으로 그 팀은 결과를 전달하고 지명도도 얻게

되었다. 팀은 이것에 영감을 받게 되고 팀의 구성원들은 서로의 신뢰가 기본이 되어 업무상의 일반적인 배움을 가속화시켜 나아간다. 그래서 나아가 작업수행을 극대화한다.

처음 발전 단계인 형성기에서조차 국제적이고 세계적인 기업은 보통 국내에 한정된 회사보다 회사 내에서나 국가 내에서 처리해야 할 문제들이 더 많다는 것이 증명되었다. 물리적으로 팀의 구성원들을 한데 모으는 것이 더욱 복잡한 데다가, 이러한 기업은 견고하고 잘 구성된 재능 관리 시스템과 관리 과정을 위해 거기에 부합되는 인재의 모집과 결정이 요구된다.

더 중요한 과제는 세계적인 규모에 맞게 인재 관리를 위한 노력을 효율적으로 구성하는 것이다. 그래야만 세계적으로 움직일 수 있고, 또한 세계적인 영역에서 필요한 인재를 찾을 수 있다. 그러니까 실제적인 역할을 하기 위해 도전하는, 그리고 명확한 입장을 표명할 수 있는 지도력이 있는 인재가 어디에 있는지 회사가 파악할 수 있다.

그러나 이러한 사항과 관련시켜 알아본 결과, 관리를 잘하고 있는 회사는 비교적 드물었다. 따라서 효과적인 인재 경영 정책의 지원을 받기 위한 단계에 도달하기 위해서는 더 많은 사항들을 실천할 필요가 있다.

팀 발전 단계의 두 번째인 격동기에서는 경영 우선순위인 국제적, 세계적 팀들의 구성이 어렵다는 것이 더 명백해졌다. 이를테면 이태리의 요식업계 사장이 왜 미국의 지식 있는 요식 관리인과 함께 일하는 것이 힘든가에 대해서 많은 이유를 찾을 수 있을 것이다. 개인 구성원들이 어째서 팀의 일부인가, 그리고 그것은 그들에게 어떠한 의미를 갖는가를 가려낼 때까지 이 단계에서의 팀 발전은 매우 명료하고 단순화가 되어 있다.

그러나 그 후 단계의 시간을 함께 보낸 팀 구성원들은 매우 큰 혼동을 겪게 될 것이다. 그런 고비로부터 팀이 살아남아서 계속 앞으로 나아갈 수 있는 공동의 길을 찾는 경우에 고난도 업무 실행 팀의 기초는 이미 놓아진 것이나 다름없다.

다음 세 번째 단계인 규범기에서는 성공의 시작과 고난도의 작업 수행을 위해 팀이 착수할 수 있는 좀 더 전문적인 접근법이 나타난다. 팀의 구성원들은 문화적 차이에 의한 다른 대응 자세들이 회사 내에 존재한다는 것을 알고 있지만, 그 차이를 극복하기로 결정한다.

이 단계에서 팀의 리더의 역할은 굉장히 중요하다. 리더는 구성원들에게 자신들의 작업 방식을 강요해서는 안 되며, 오히려 자신들이 구성원들의 작업 방식에 동의하는 방향으로 나아가도록 해야 한다. 문화적 배경이 다른 상황에서 의견의 불일치는 어쩌면 당연한 일이다. 이 단계에서 팀의 리더는 팀원들이 각자 알아서 일을 할 수 있도록 해야 할 필요는 있지만, 만일 심한 의견 차이로 화합이 되지 않아 팀워크가 흔들리기 시작하면 앞장서서 중재를 해야 한다.

네 번째 단계인 팀의 발전 단계에서는 작업 수행과 결과의 전달이 실제로 일어나기 시작하는 시기이다. 이 단계에는 성공적인 팀이 이미 넘어온 초기 장벽들이 실제로 나타나기 때문에 어쩌면 개발이 더 쉬운 단계일지도 모른다.

성공하는 팀의 두 가지 품격

이때까지 우리는 덜 복잡하고 위치가 명확한 보통의 국가적인 팀의 요구 사항과 비교해 세계적으로 성공하기 위한 그리고 고난도의 작업 실행 팀이 되기 위한 추가적인 요구 사항들을 살펴보았다. 최근에 성공적인 팀을 위한 주된 성공 요인들을 확인하기 위한 집중적인 연구가 행해졌다. 특히 조사자들은 성공적인 혁신을 위한 팀의 능력을 검사했다.

그 결과, 첫 번째로 나타난 것이 팀의 다양성이었고, 두 번째는 중요한 역할을 기초로 하여 문제를 처리하고 결정하는 능력이었다.

2005년 헤이그룹의 유럽연합고객회의에서 72명의 참가자들에게 대조표를 사용한 설문 조사에서 응답자의 반만이 그들이 다니고 있는 회사가 팀 구성원들의 장단점을 깊이 이해하고 있다고 답한 것으로 드러났다. 사실 매우 극소수의 회사만이 팀 구성원의 능력과 자신감, 그리고 경험에 대한 균형을 확실히 하기 위해 이 방법을 사용한다. 앞서 말한 성공적인 혁신을 위한 팀의 능력 조사에 대해서는 후자의 점수가 56개의 질문 대조표에서 가장 낮게 나타났다.

그것은 마치 사람이 가장 큰 자산이라고 말하려고 준비 한 것처럼 보일 수도 있지만, 때때로 기업들이 적절한 과정과 능력, 자신감, 경험, 성공 등등의 포착을 위해 체제에 투자하지는 않는다는 것 또한 사실이다. 이것은 또한 정보의 정확성을 묻는다. 즉 조사는 선택을 하거나 약속을 이행하는 정확성을 결정하는 데에 사용된다.

만일 어떤 회사에서 사람들이 2~3년 이상 머무르지 않고 이 회사 저 회사로 빨리 옮기는 문화가 있다면, 잠정적으로 봤을 때 문제는 더욱 심각해질 수 있다. 이런 분위기에서 성과를 쌓는 것은 문제가 될 수 있다. 회사에서 직위가 높은 간부일수록 일의 결과가 확연해져서 적절하게 평가받기까지 최소 3년이 걸린다고 한다.

팀의 특성에 따라서 각각 다른 팀 구성원들의 할당 시간 배분을 위해 경영진의 선행 판단이 절실하다. 거기에 따라 때때로 타협을 해야 할 수도 있지만, 아울러서 너무 빨리 개인들의 업무를 바꾸는 것은 회사 업무 수행에 전체적으로 부정적인 영향을 미칠 수 있다는 것도 알아야 한다.

이 항목에서는 팀의 유효성 개발과 언제가 평균적인 팀들이 고난도의 수행 팀이 되기 시작하는지에 초점을 맞추었다. 엄밀히 말해 우리는 글로벌 팀에서와 업무에서 시간의 효과를 돌아본 셈이다.

성공을 위한 계발법으로 코칭을 활용하라

- 대다수 사람들은 '인재개발'에 대한 정의를 명확히 알고 있는가?
- 개인의 성과 향상을 위해 라인 매니저가 어떤 지원을 할 수 있는지 명확한가?
- 명확하고 융통성 있는 개인 목표가 성취될 것으로 보이는가?
- '코칭'이 어떻게 더 나은 리더십 스타일에 기여할 수 있는지 명확히 알려져 있는가?
- 조직은 고무적인 코칭 문화를 가지고 있는가?
- 이사회 구성원들과 기타 핵심 인원들이 코칭 훈련을 받고 있는가?

여기에 다 설명하기에는 코칭의 종류는 너무나 많고 다양하다. 최근 들어 몇 년 동안 코칭은 수많은 이목을 끌어왔다. 많은 회사들의 리더들과 관리인들은 자신들의 팀에서 일하고 있는 사원들을 '코칭'하려고 더 많은 노력을 기울여 왔다.

높은 성과를 내는 회사들에서는 이미 개인적인 형태의 임원 코칭이 유행이 되었다. 긴 시간에 걸쳐서 임원은 외부 코치와 1대 1로 상담을 한다. 코치와 대화를 통해 중역은 회사에서 한 일들을 반영하기도 하고, 다른 상황에 맞게 구현하기도 하며, 미래에 있을 문제들을 예견해 보기도 한다. 그리고 이러한 대화는 능력의 차이를 확인할 수 있도록 해주며, 이 차이를 좁힐 수 있는 합의점들로 이끌어주기도 한다. 또한 원인을 좀 더 깊이 이해할 수 있도록 하기도 하고, 어떤 사람이 일에서 비롯되는 문제를 풀어나갈 수 있도록 분명하고 유효한 지도력을 형성해 주기도 한다. 때로 임원 코칭은 일과 사생활에서 좀 더 나은 균형을 찾도록 해주기도 한다.

이러한 개인적이고 집중된 형태의 사적인 지도는 수년간 스포츠 세계에서 더 알려져 왔다. 유명 선수들과 팀은 대부분 예외 없이 개인 코치들을 두고 있다. 비록 코치들이 화려한 선수들과 팀에 가려져 주목은 받지 못할지라도, 그들은 선수들이 고난도의 뛰어난 기량을 발휘할 수 있도록 하는 데 최선을 다한다.

연예인 세계에서도 마찬가지다. 가장 유명한 영화배우와 가수들은 심지어는 그들의 생활 전반을 도와주는 한 명 이상의 코치들을 두고 있다. 노래나 연기를 위한 기술적 향상을 위한 사람, 건강과 몸매를 관리하기 위한 사람, 공인으로서 어떻게 보여야 하는가에 조언을 하는 사람, 커리어를 위한 사업 관리인 등이 바로 그들이다. 그중에서도 몇몇은 사업상의 삶과 연관되어 있으나, 극소수의 CEO들은 개인적으로 업무 수행 향상을 위해 그러한 인프라를 구축하고 있다.

실제로 이러한 사적인 지도의 중요성과 영향력을 간과해서는 안 된다. 하지만 여기서 우리는 이러한 형태의 코칭에 초점을 맞추지는 않을 것이다. 그보다도 큰 조직체 안에서 지도력 향상과 지도력 형식에 도움을 줄 수 있는 코칭 접근법에 관해 탐구할 작정이다.

코칭 선수가 되는 비결

인재 경영은 전체적으로 받아들이는 코칭 접근법들과, 책임을 맡게 된 코칭 활동에서 무엇이 기대되는가에 대한 정의를 발달시키는 것으로 그 가치를 더할 수 있다. 거기에는 특별한 해결책이 없다. 회사의 현실과 발전 단계를 파악해서 다음 단계에서 채택할 수 있는 효과적인 코칭 프로그램 설계할 수 있도록 하는 것이 중요하다.

우리의 견해에서 볼 때 기본적인 공통 사항은 사람들을 통해 생성된 결과라는 목표를 지닌 코칭 활동들을 설계하는 것이다. 커다란 조직의 리더들과 관리자들은 팀을 성공으로 이끌어내는 직원들을 원한다. 그들은 '코치'로서 '선수'들이 과거보다 더욱 성공적이기를 바란다. 또한 자신들의 선수들이 자신들의 목표를 달성하기를 바란다. 이러한 코칭 프로그램들은 일반적인 특징들을 가지고 있다.

첫 번째로, 그들은 자신과 다른 사람을 발전시키기 위해서 개인이 조직 안에서 능력을 갈고 닦아야 한다. 개인과 조직은 전체적으로 더 나은 업무 수행을 위해서 이 분야에 뛰어난 능력을 가지고 있다.

만일 개인 리더들이 고급의 자아 발전을 이루기 위한 관리를 하고 있다면, 그것은 마치 그들이 자신을 위해 능력을 기르도록 자극하는 것과도 같은 이치이다. 결국 이것은 큰 조직을 성공하도록 만드는 중요한 요소로 작용할 것이다. 우리는 리더들을 도울 수 있도록 구성된 프로그램과 그들 자신과 다른 사람을 발전시킬 수 있는 능력을 기르도록 하는 것 중 어느 것이 최고인가를 가지고 논의했다. 이것은 주요 연수회들이나 훈련자 훈련들이나, 아니면 개인 능력 개발 활동들을 통해서 알게 될 것이다. 각 조직은 현재 상황에 따라서 이것과 관련된 것들 중 가장 효율적인 방법을 찾아야 할 것이다.

두 번째는, 성공적인 코칭 프로그램들은 지도력 향상과 지도력 형식의 핵심 구성 요소로서 코칭의 질을 높여야 한다는 것이다. 한 회사가 유기적인 통합을 하기 위해서는 명확히 코칭이 어떻게 회사가 원하는 종류의 지도력에 기여할 수 있는지에 관해 기대하는 것이다. 만일 어떤 회사가 코칭 차원을 포함하지 않은 지휘 철학을 원하거나 필요로 했을 때, 코칭 능력 발전을 위해 투자하는 것은 어리석은 일이다. 그러나 우리는 이미 앞에서 직원들이 바라는 지도력과 회사가 코칭을 위해 가지고 있는 능력들 사이의 강한 연관성을 보았다. 사실상 이것이 현대의 모든 조직체에서 가장 바람직한 방향이 아닐까 싶다.

세 번째는, 성공적인 코칭 프로그램들은 성공하는 정신과 문화를 만들 수 있게 한다는 것이다. 개인과 조직 수준에서 지속적인 향상에 대한 연구는 회사의 중요한 가치가 되었다. 만일 어떤 사람이 성공하기를 원한다면, 직원인 그 혹은 그녀는 자신과 다른 사람들을 위한 개발을 꾸준히 수행해야만 한다. 그것이 바로 회사가 원하는 방법이며, 그것이 바로 일하는 사람들이나 그런 회사에서 일하기를 갈망하는 사람들이 원하는 것이기도 하다. 여기서는 신뢰와 팀워크는 그런 회사에서 전혀 별개의 가치라고 생각한다. 신뢰와 팀워크가 예외라기보다는 규율인 분위기에서만이 사람들은 효율적으로 전념을 다해서 맘껏 자신의 개발을 해나갈 수 있고, 특히 그들 주변의 것들의 개발에도 전념할 수 있다.

코칭 훈련이 주는 선물

우리의 경험에 비추어 성공적인 코칭 프로그램들은 공식적인 훈련 활동에서 시작된다. 이것은 회사가 일관성 있는 접근이 코칭에 어떻게 보이는지를 명백히 확인시켜 주고(앞에서 언급한 코칭 프로그램의 세 가지 특징 참조), 회사가 시발점에서 심각하게 받아들이고 있다는 표시이며, 투자를 원하고 있고, 성공해야겠다는 결의가 굳다는 신호이기도 하다. 코칭은 이제 문화의 일부분이 되었다.

진취적으로 하려는 마음이 한 개인이나 혹은 조직의 하부층에서 제시하는 양질의 의견들은 충분한 영향력을 갖지 못할 뿐더러 오래 지속되지도 못할 위험이 크다. 우리는 이 진취적인 마음가짐이 더 큰 조직이나 단일 그룹 전체에서 일어나도록 하기 위해서 형식적인 훈련 프로그램 과정을 거치는 것이 더욱 효과적이라고 믿는다.

이러한 접근법은 많은 이점을 지니고 있다. 우선 팀들의 훈련을 자연적으로 가능하게 한다. 새롭게 얻은 코칭 통찰력이 팀에 신속히 통합되어 일상적인 지도력 행동 양식으로 나타난다. 이것은 아마도 큰 조직 안에서 이러한 행동 양식들을 전파하기 위한 가장 생산적인 방법이 될 것이다. 또한 이 방법은 초반에 고정될 필요가 있는 조직 내 임계량을 비교적 빨리 구성하도록 한다. 그리고 훈련된 개인이 일터로 귀환했을 때, 자신의 새로운 기술과 향상된 코칭 능력을 펼침으로써 나머지 조직과 공명하지 않는 상황을 찾아내 개선시킨다.

또 다른 이점은 대규모의 활동을 갖는다는 것은 처음에 훈련을 시작한 사람들이 나중에 프로그램을 시작한 다른 동료들에게 코치로서 행사할 수 있다는 점이다. 우리는 이것이 훈련의 강한 특징이 되는 프로그램들을 보았다. 실제로 새로운 경험을 가진 훈련된 '코치들'은 일상에서 훈련을 지원하고, 연습하고, 코칭 활동들을 향상시킨 다음 두 달 후에 즉시 새로운 '코칭 졸업생들'을 돕는 활동적인 역할을 했다. 다시 말해 그들은 헬프 데스크의 역할이나 배운 기술을 후임에게 전달해 주는 촉매제 같은 역할을 한 것이다.

마지막으로, 지도 조달을 위한 성공적인 훈련 프로그램들의 또 다른 사실은 사람들이 행동에서만큼은 처한 환경과 상황에 대해 저마다 다르게 반응한다는 것이다. 각각의 형식이 모두 장점들과 약점들이 있다는 것을 인식하는 것이 중요하다. 어떠한 형태도 다른 것보다 더 낫거나 나쁘다고 말할 수 없다. 그러나 때때로 우리는 다른 사람들을 볼 때 자신에게 우세한 쪽으로 보는 경향이 있기 때문에 각각 다른 형식들은 문제를 일으키기도 한다. 우리의 이러한 반응은 특별히 대인관계와 다른 사람들과의 대화에서 중요한 영향을 미친다. 만일 더 효과적으로 보이고 싶다면, 우리의 주된 행동 양식을 다른 사람이 만족할 수 있도록 수정하거나 맞추면 될 것이다.

이런 차이들에 대한 이해력은 코칭에서 필수적이다. 효과적인 코칭은 사람들의 각기 다른 대인관계 형식의 차이를 우리가 융통성 있게 관리하는 능력을 발달시킬 것을 요구한다.

코칭은 지도력을 살린다

대개 코칭 기술과 능력의 구축은 코칭을 받게 된다는 관점에서(코치 받는 사람) 볼 때 다음 몇 가지의 단계들을 수반한다.

일찍이 시작 단계에서, 코치를 받는 사람은 코칭이 어떻게 일어나는지 언제 코치의 도움을 청할 수 있는지 등에 관한 경험을 얻는다. 코치를 받는 사람은 보통 연습을 주로 하며 나아가서 다른 사람을 코칭하기 위한 기술과 능력을 발전시킨다.

가장 효과 있는 단계는 코치 받는 사람이 코칭의 혜택들을 보고 그것을 완전히 실천하기 시작할 때에 일어난다. 이것은 처음으로 코치 받는 사람이나 주변인들에게 새로운 행동방식들이 눈에 보이기 시작하는 단계이다. 그래서 새로운 에너지가 나타나기 시작하는 단계이기도 하다. 이런 분위기에서는 팀의 노력을 최대로 늘릴 수 있다.

우리는 거기서 사물의 연속성이라는 중요한 교훈을 발견했다. 만일 리더나 팀이 자신들이 이루고자 하는 단계를 너무 빨리 높게 잡았을 경우, 혹은 더 높은 운영 단계에서 그렇게 하도록 강제로 집행했을 경우, 실패하거나 잘해봐야 짧은 기간밖에는 지속되지 못할 것이다. 이처럼 부정적인 결과가 나왔을 때는 2류나 더 낮은 수준의 업무 수행으로 전락해 버릴 수도 있다. 그러나 만일 장애들이 서서히 상승된 경우 일단 리더와 팀이 서로 힘을 합쳐 코칭 능력들을 쌓아 간다면, 현실에서는 훨씬 더 좋은 방법으로 대처해 나갈 수 있는 기회가 올 것이다. 그런 팀이 승리하는 팀이 되는 것은 물론이다.

위의 내용은 어느 회사에서나 목표 잡기와 수행 계획을 위한 중요한 의미를 내포하고 있다. 경영 단체나 회사의 특정 조직이 일을 잘해 나가지 못할 때에는 더 센 압력을 가하고 목표를 더욱 심하게 하려는 경향이 있다. '만일 X가 수행을 더 잘했다면, 전체 성과도 더 나았을 텐데'와 같은 말들은 오히려 '그들 자신이'라고 수정되었어야 할 말들인 것이다. 그러니까 그러한 말들 자체의 결과만으로 X의 업무수행이 개선될 것이라는 어떠한 기대도 하지 말아야 한다.

X의 결과라는 점에서 기대치를 높이는 대신에, X가 제 모습을 찾고, 팀 구성원들이 문제에 대한 처리 능력을 갖추어서 자신감을 회복할 수 있도록 개발할 수 있게끔 지도력을 우위에 둔 후에야, 목표라는 관문을 높일 수 있다. 이 경우에는 차라리 X에 대한 목표들을 높게 잡는 대신에, 이미 문제들을 잘 대처해 온 Y의 목표라는 관점에서 지도력의 관문을 높일 것을 고려해야 한다.

벽을 허무는 코칭

훌륭한 코칭 능력을 갖춘 리더들과 관리인들은 팀 구성원들에게 작업 수행을 격려하기 위해 더 많이 대화를 한다. 우리는 이것을 격려 대화라고 부른다. 다른 형태의 대화들도 역시나 강한 영향을 줄 수도 있다. 하지만 우리는 어떤 코칭 형태가 더 높은 장벽을 두고 있는 업무 수행의 벽을 허물 수도 있다고 믿고 있다.

대화와 실행의 차이

직업혁신 그룹에서는 일터에서 신뢰, 발전, 그리고 성공을 위한 대화의 효과를 측정하기 위해 연구에 착수했다. 주로 일에 대해 사람들 간에 오간 대화에 초점을 맞췄다.

포커스 그룹의 인재들과 온라인 인터뷰를 하거나 세계적인 기업의 인재들과 개별 인터뷰를 통해 조사를 진행했는데 이 조사를 통해서, 대화를 나누는 것은 긍정적인 효과가 있다는 결론을 얻을 수 있었다. 특히 관리자들이 그 일을 잘하고 있음을 알 수 있었다. 프로젝트 팀이나, 태스크포스 팀을 이끌어야 하는 상황에서도 그들은 자신의 본분을 잃지 않았다.

인터뷰는 12개월 동안 질문자가 12개의 주제를 던져주는 방식으로 진행되었는데, 응답자들은 관리자와 대화할 때 12개 중 6개 이상의 주제로 가치 있는 대화를 나눴다고 대답했다. 그 다음은 동료와 친구, 그리고 가족들 순이었는데 그들과는 단지 3개의 대화 주제밖에는 가치가 없었다고 했다. 관리자와 나눈 대화가 압도적으로 우세했다. 12개의 주제 중 10개에서 사람들이 가장 많이 말한 상대는 관리자였다.

그러나 비록 사람들이 관리자와 가장 많은 대화를 나눴다고 해도 직업혁신 그룹은 또 하나 중요한 문제를 지적해냈다. 응답자 가운데 10명 중 4명은 관리자와 대화를 나누긴 했으나 실행된 것이 없다고 말했다. 직업혁신 그룹은 이를 일컬어서 '대화와 실행의 차이'라고 칭했다. 이 자료를 분석한 결과, 이 차이의 영향은 매우 큰 것으로 드러났다. 인재들은 이러한 대화에 대해 불만을 토로했고, 약속이 제대로 이행되지 않아 이직까지 고려하고 있었다.

사람들이 논의하고 싶어 하는 주제는 개개인마다 다양했으나, 계속 재등장하는 화제가 있었다. 바로 미래 중심적이고 발전적인 대화가 시간에 쫓겨 잘 이루어지지 않는다는 점이었다. 이로 인한 보이지 않는 영향은 생각보다 상당히 컸다.

반면 원활한 대화로 인한 긍정적인 효과도 인상적이었다. 대화에 대한 만족과 약속 이행은 인재들에게 긍정적인 영향을 끼쳤다. 이러한 대화는 더 일하고 싶은 의욕을 심어주고, 일의 목적을 좀 더 명확히 하고, 자신감을 갖게 하여 일의 가치를 높게 느끼게 한다고 했다.

위의 조사를 보면 업무 수행에 방해되는 문제를 대화를 통해 해결할 수 있다는 것을 알 수 있다. 직원과의 대화는 물론 코칭 능력과 관계가 있다. 훌륭한 코칭 수행 능력과 기술들을 가진 리더들은 직원들의 작업을 격려함으로써 좋은 결과들을 얻어내는 비밀을 찾아내는 것으로 나타났다. 그들은 개인적인 목표와 고려 사항들을 달성하기 위해 실제로 직원들에게 관심을 가지고 신뢰를 구축하며 정기적인 대화를 갖는 방식으로 성공했다.

우리는 거대 글로벌 기업들에서 지도력 향상과 지도력 형식에 도움을 줄 수 있는 코칭 전달 접근법들을 탐구했다. 지도관이 효과적으로 일처리를 하게 될수록, 팀의 구성원들도 더 향상된 업무 수행을 할 수 있게 된다. 그리고 나아가서 궁극적으로는 조직 전체를 통해서 최고 상태의 업무 수행을 찾게 될 것이다.

성공하는 조직의 분위기는 이렇게 만든다

• 리더의 코칭 형식이 전반적으로 바람직해 보이는가?

• 조직의 관리 체계를 측정하기 위한 여론조사가 실시되고 있는가?

• 성공은 축하받고 있는가?

• 사람들이 자신의 성과가 인정받는다고 느끼는가?

• 조직에 손실을 가져다주는 직원들에 대한 기피 현상이 있는가?

• 조직은 적합한 사람들을 끌어당길 수 있는가?

• 이 조직은 일하기에 좋은 곳인가?

• 목표와 목표 설정 과정이 긍정적 에너지를 낳고 있는가?

대다수 사람들은 프랑스 남부와 스페인 지역은 기후가 좋고 기분이 좋은 곳이라고들 말한다. 그래서 사람들은 그곳에 가고 싶어하고 또 시간이 되면 가서 즐기고 싶어한다. 그곳은 역사적·문화적인 배경과 현대적인 문화 행사를 동시에 갖고 있는 곳이기도 하다.

그곳은 좋은 곳이고, 그곳에 가면 정말로 좋은 시간을 보낼 것 같은 기분이 들기도 한다. 이러한 기대는 그곳에 대한 긍정적인 느낌을 더욱 강하게 한다. 바로 이것이 지금부터 우리가 말하고자 하는 것이다. 사람들은 이런 곳들에 매료되어 점점 더 가고 싶어하게 된다. 어쩌면 그곳에서 휴일을 보내고 싶어할 수도 있고, 그런 곳에다 집을 사서 끝내는 오랜 기간 살게 되기도 한다.

만일 '이런 곳'이라는 곳을 '회사'와 바꾸어 보고, '휴일을 보내다'라는 말을 '일하다'라는 어구로 바꿔서 생각해 보자. 아마 당신은 회사 내에서의 긍정적인 분위기에 대해서 잘 묘사할 수 있을 것이다. 어쩌면 성공하는 회사 분위기까지도 설명해낼 수 있을 것이다.

'긍정적인 분위기'와 '성공하는 분위기' 사이에는 분명 차이가 있다. 성공하는 회사의 분위기는 단지 '좋고 화창한' 분위기뿐만이 아니라, 성공을 위해 열정을 뿜어내고 지속적으로 성공적인 수행의 관문들을 향상시켜 가는 분위기일 것이다. 그럴 때만이 계속적으로 발전하고 상황에 맞는 새로운 것들을 감싸안을 수 있기 때문이다. 일을 수행할 때 난관을 지속적으로 극복한다는 것은 가장 위에서부터 받는 압력에 복종해서가 아닌 직원들의 내재적인 행동에 비롯된 것이다. 그러므로 일의 난관을 극복한다는 것, 혹은 목표를 향상시킨다는 것은 절대로 부정적으로 보여질 수 없고, 오히려 조직 안에서 긍정적인 에너지를 창출한다고 봐야 한다.

그러므로 사내의 성공하는 분위기란 주어진 임무 외에도 '그 이상의 것들까지도 기꺼이 하겠다'라는 정신이며, 이것이 조직의 수행에서 직접적으로 작용을 한다. 또한 성공하는 회사라면 직원들은 회사에 기꺼이 머물러 있기를 좋아한다. 성공하는 분위기를 창출해내어 회사가 가질 수 있는 이점에는 두 가지 중요한 것이 있다. 이러한 분위기에서 일하는 사람들 모두가 그것이 어떤 기분인지 알고 있고, 그렇지 못한 다른 회사와 비교했을 때 어떻게 다른지 모두들 알고 있다.

성공하는 분위기 만들기

회사 분위기가 성과와 직원 유지에 매우 명확하게 연관되어 있는 경우, 긍정적이고 성공하는 분위기를 만드는 핵심 동인이 무엇인지 물어보는 것은 매우 의미 있는 일이다. 우리는 조사를 통해 다양한 것들이 중요하게 작용할 수 있다는 것을 알고 있다. 일상의 업무들이 의미 있다는 것과, 이러한 사실이 조직 안에서 다른 이들에 의해 지각되고 있다는 것은 중요하다. 구성원이 일을 잘하는 팀은 방향 감각이 명확하고, 적합한 기술과 역량을 가지고 있으며, 성실성을 보여준다. 이 사실은 중요하다(앞에서 나온 큰 수행 능력을 지닌 팀 참조). 조직은 그 일이 어떻게 되었는지에 대해 간섭하지 않고, 그 업무에 대해 가장 잘 알고 있는 담당자 혹은 팀에게 일상 업무를 맡기는 것이다.

위에 언급된 모든 것들이 성공적인 회사 분위기 창출을 위해서 중요한 것들이다. 그러나 핵심적인 요소는 직속 관리자와 지휘하는 그의 스타일이다. 새삼스럽게 언급할 필요는 없겠지만, 우리는 때때로 그 중요성을 잊고 있을 때가 많다. 이 세상에 단 한 가지의 최고의 리더십 스타일이 있으면 좋겠지만, 현실은 그렇지 않다. 문제는 그 조직에 최고로 걸맞게 요구되는 리더십 스타일로 적용하는 것이다. 이러한 적용 과정이 적절하게 수행되면, 조직의 분위기에 긍정적인 영향을 줄 것이다.

여론조사로 분위기를 띄워라

지난 10여년 간 여론조사는 크게 인기몰이를 해왔다. 그 인기의 시발점은 피드백이 세계 다른 어떤 지역들보다도 더 중요시되는 북미 지역에서부터 비롯되었다. 그러나 몇몇의 경우를 제외하고는, 북미 지역의 여론조사는 대부분 직원들과 일하는 사람들이 아닌 임원들과 관리인 중심으로 제한되어 왔다.

■ 사례 연구 ■

환경보다 조직력이 문제

혼다Honda는 더 나은 작업 환경이 더 나은 성과를 가져다준다고 믿었다. 임원들은 "우리는 지금 우리가 원하는 만큼 잘하고 있는가? 우리는 적절한 문화와 분위기를 가지고 있는가? 우리는 적절한 조직체계를 가지고 있는가? 우리의 직원들은 임무에 대한 자신들의 역할을 완수할 만한 적당한 능력을 지녔는가? 그리고 이것들이 미래에도 유효할 것인가?"라는 질문에 대한 답을 알고 싶어했다. 혼다는 사우스캐롤라이나 주에 주요 제조 공장을 가지고 있었다. 공장의 경영진은 적절한 환경의 창출이 직원이나 조직에 모두 더 나은 작업 성과를 가져다준다고 생각했다.

공장의 전반적인 몰입 수준을 측정하고 그에 따른 개선 기회를 발견하여 조직의 효과를 향상시키기 위한 여론조사가 실시되었다. 사업상의 주요 문제는 핵심 인력의 유치 및 유지의 어려움, 직원 관계 이슈(장기 결근 등), 관리 계급의 미숙함, 기타 직원 관리의 어려움 등으로 나타났다.

여론조사 반응을 기초로 하여, 이러한 핵심 문제들을 처리하기 위한 해결책이 개발되었다. 이 작업의 경영상의 이득은 다음과 같다.

- 핵심 인력의 유치와 유지를 위한 능력을 향상시킴
- 일선 관리자들의 교육 및 능력을 향상시킴
- 인재 개발 및 직원의 장기 근속을 위해 역할과 기술에 대하여 명확한 승진 방식을 개발함
- 새로운 수행 계획 프로그램의 도입

1990년도 후반, 유럽에서는 여론조사를 하는 사람들의 수가 증가했다. 여론조사는 일반적으로 조직에서 다양한 사람들을 대상으로 폭넓게 사용되었다. 당초에 여론조사는 직원들의 만족도를 조사하

는 데 초점을 맞추려는 경향이 있었지만, 곧 회사가 잘하고 있는가 아닌가를 알 수 있는 전반적인 내용을 추가하는 등 확대되었다. 오늘날에는 이런저런 조사들이 위생 요인이 되었다고 할 수 있다. 조사를 아예 실시하지 않는 회사들은 그들이 내린 결정과 행동, 그리고 활동의 결과들을 측정할 수 있는 중요한 도구를 놓친 것이나 다름없다. 반면에, 경제 전문가들이 실제를 파악할 수 있는 방편으로 조사들을 미리 받아들였을 경우, 인재 경영 전문가들은 그 조사들이 무엇에 어떻게 공헌할 수 있는가에 열중하느라 오랜 시간이 걸리기도 한다.

전략 결과와 실행, 그리고 사내의 전반적인 분위기 측정은 회사 분위기를 향상시키기 위해 무엇을 해야 하는지, 그리고 더 나은 성과를 위해 어떠한 기초를 두어야 하는지에 대해 귀중한 지침을 받을 수도 있다. 정말 중요한 것은 회사가 어떤 부분에서 개선의 여지가 있는지를 찾고, 더 나아지게 하기 위해 변화를 이루어내겠다는 의지와 그에 따른 결정적인 행동을 하는 것이다.

때로 거대 글로벌 기업들이 조사 결과를 회사 내부의 다양한 조직에서 경쟁을 일으키려는 용도로 사용하려는 경향이 있다. 이는 결코 바람직한 일이 아니다. 조사를 하는 이유는 회사에 대해 두루 살펴 회사 발전을 요하는 부분에 적절히 적용하여 앞으로 더욱 나은 회사가 되도록 하기 위한 서로 간의 합의로 보아야 한다. 회사 안에서 다양한 구성원들로부터 의견을 묻는 것이 바로 긍정적인 에너지로 작용해서 회사 발전을 위한 것임을 확인하고, 의견을 묻고, 그런 사항들을 개발하는 것이 조사가 가진 참된 역할이다.

성공하는 조직만의 핵심 비법

성공하는 분위기의 조직은 소위 말하는 피드백 사이클을 가지고 있다. 여론조사가 그들이 사용하는 한 가지 방법인데, 그들은 대개 1년 반에서 2년이 걸리는 현재의 여론조사 기간을 좀 더 좁히고 싶어한다.

최근 들어 제한된 질문과 적은 수의 응답자를 대상으로 한 분기별 분위기 조사에 대한 관심이 높아지고 있다. 또 어떤 회사는 변화 프로그램의 효과를 평가하기 위해 특별히 개발한 여론조사를 사용하고 있다. 그밖에도 현대 과학의 힘으로 비교적 저렴하게 모든 조사들을 정리할 수 있는 방법들이 더 많이 생겼다.

그런데 주목할 만한 점은 더 나은 업무 수행에 대한 열정이 있는 회사들만이 이런 류의 조사들을 실행한다는 것이다. 그들은 이러한 포부를 이해하고 조사 도구들을 포함한 방법들을 찾기 위한 결의가 사뭇 당차다.

여기서 피드백은 결정적인 역할을 한다. 몇몇 인재 경영 실행과 체계는 피드백 사이클을 추가해 재설계했다. 물론 이것은 첫 번째 성과 평가와 성과 개발 시스템에서 발생했다. 전통적인 체계들이 오히려 안정적이고 한 개인에게 초점을 맞추었다면, 직속 관리인(다른 팀 멤버들, 프로젝트 관리자들, 회사 다른 부분의 직장 동료들 등)을 제외한 나머지 사람들을 포함한 의견 추출에서는 역동적이고 전체적인 결과를 나타냈다.

'180도 혹은 360도 의견' 또는 '다양한 출처의 의견' 같은 접근들은 때때로 사내의 지도력 변화와 다른 조직 분위기 창출을 파악하기 위한 핵심 요소들로 작용한다. 피드백 사이클의 적용은 특별히 어느 팀에서 직원들과 리더 사이의 관계를 발전시키기 위한 것과 관계가 깊다. 우리는 긍정적인 회사 분위기 창출과 그러한 분위기 안에 종사하는 직원들의 창출이 중요하다는 것을 알고 있다.

높은 수준의 헌신을 이끌어내라

앞의 '인재를 끌어당기는 리더십'에서 직원들의 몰입과 헌신의 수준을 더 깊게 가져가는 것이 향후 몇 년 동안의 새로운 리더십 과제이며, 조직의 새로운 도전이라는 것이 우리의 관점이라고 밝힌 바 있다. 상위 수준의 몰입은 이루어지고 있지만, 진정한 헌신을 창출하기 위해서는 지속 가능해져야 할 필요가 있다.

미국 법인 단체의 지도력 위원회에서 격려를 받은 우리는 몰입을 다음과 같이 정의했다. 직원이 그들 조직의 '무엇' 또는 '누군가'를 위하여 얼마나 헌신하는가, 직원이 얼마나 열심히 일하는가, 그 헌신의 결과로서 얼마나 오래 조직에서 일하는가? 여기서 그 '무엇'이나, '누군가'라는 것은 그들의 하루하루 업무일 수도 있고, 그들이 속한 팀일 수도 있으며, 지배인이나 그들이 속해 일하고 있는 더 큰 조직체일 수도 있다.

대부분의 경우 몰입은 앞에서 언급한 네 가지가 모두 복합된 것일 것이다. 사람들이 헌신하는 정도가 크면 클수록 더 많은 사람들이 '좀 더 먼 길을 가는 것을' 기꺼이 택하고, 회사에 좀 더 오래 머물러 있기를 원할 것이다. 이들은 모두 헌신의 이로움에서 매우 중요한 것들이다.

성공하는 분위기의 회사는 저런 고난도의 헌신에 도달하도록 관리를 한다. 사람들은 일반적으로 자신들이 하는 일에 대해서 인정받는다고 느끼며, 회사는 일하기 좋은 곳으로 보여진다. 결론적으로 말해서, 그러한 회사들은 적절한 인재들을 유치할 수 있으며, 직원들로 인한 유감스러워할 만한 손실은 막을 수 있다.

높은 수준의 헌신이 지속되지 않을 경우에는 앞에서 설명한 이익을 내지 못할 것이다. 높은 수준의 헌신을 이끌어내고 개발해내는 조직들이 어떻게 그러한 헌신을 지속적으로 유지하는 것인지를 배우는 것은 흥미로운 일이다. 몇몇 요소들은 우리가 이미 언급한 내용이다. 리더십 스타일은 회사의 상층부에서 자신들을 발전시키는 사람들뿐만이 아니라 회사 전반적인 성과에 기여한 사람들 모두를 격려하는 형태여야 한다. 팀은 혁신과 창작의 원천으로 보여져야 하고, 회사 전체적으로 다양성이 존중되어야 할 필요가 있다.

지속 가능한 헌신에 대한 위협이 발생하는 경우는 회사들이 너무 자주 조직 개편이나 사원을 재배치하는 경우이다. 우리는 높은 수준의 헌신을 보이는 조직은 구조조정과 관련하여 직원의 동의를 얻는 데 어려움을 겪지 않는다는 것을 볼 수 있다. 단, 구조조정의 필요성에 대한 논리가 조직 구성원 전체에게 잘 설명되었을 경우이다.

요즈음 직원들은, 특히 특정 산업에서 구조조정이 회사를 강건하게 유지하는 하나의 방법이라는 것을 이해하고 있다.

그러나 리더십이 구조조정을 위한 도구로 자주 사용되고, 조직 안에서 구조조정의 논리에 대한 적절하고 다각적인 설명이 없는 경우 직원들의 헌신에 부정적인 영향을 끼칠 것이다. 결과적으로 인재들을 끌어들이고 보유하는 회사의 능력에 나쁜 영향을 끼칠 것이고, 직원들이 '더 일하겠다'는 의지에도 부정적인 영향을 줄 것이다.

성공하는 기업을 넘어 존경받는 기업으로

지속 가능한 헌신을 위해 나오는 또 다른 중요한 요인은 기업의 사회적 책임에 있다. 수년 동안 회사들은 경영 활동을 수행할 때 지역사회의 훌륭한 시민으로서 행동하도록 사람들은 기대를 한다. 더욱이 오늘날의 기업들은 좀 더 적극적인 방법을 통해 지역사회와 세상이 더 나아지는 데 기여하도록 요구받고 있다.

우리는 미국의 벤앤제리가 최초로 지구 온난화를 반대함으로써 그들의 사회적인 임무와 지지를 받았다고 언급했다. 그러나 더 많은 회사들이 오늘날 활발하게 비정부 기구들과 비영리 단체들을 지원하고 있다. TNT사는 월드푸드 프로그램과 활발히 협력하고 있으며, 이것은 전 세계의 TNT사의 성과를 창출해내기 위한 중요한 내부 결속 요소가 되었다. 다른 회사들도 자신들이 사회적 책임 및 평판에 중대한 관심을 갖고 있다는 사실을 지지하기 위한 방안으로 기업의 사회적 책임 이니셔티브를 도입했다(필립스, 존슨앤존슨, ABN암로, 맥도날드, 포르티스 은행 등).

이러한 프로그램들은 회사의 사명과 전략적 목표와는 별개로 다른 목적으로 사용되기도 한다. 외부의 자극과 '잘한다'는 요소는 직원들에게 감정적인 헌신을 증가시킨다. 그들은 자신들이 일하는 곳이 진정으로 좋은 곳이라고 느끼고, 친구들이나 가족들과 회사에 대해 말할 때에 긍정적인 발언을 한다.

미래에는 기업의 근본적인 목적을 정의할 때 기업의 사회적 책임이 더 중요한 역할을 할 것이다. 기업의 사회적 책임은 장기간 성공적인 사업을 함에 있어서 현존하는 기업의 뚜렷한 목적에 들어갈 것이다.

즉 기업 존재의 목적을 시작으로 최전선에 있는 회사들은 진중하게 생각할 것이고, 비정부 단체들이나 비영리 단체들과 가까이 손잡고 일하고 싶어하게 될 것이다. 미래에 우리는 유니세프나 그린피스, 워 차일드War Child, SOS 어린이마을SOS Children Villages 등과 비슷한 종류의 단체들을 기업 사무실이나 중역들 자리에서 더 자주 보게 될 것이다.

여기서는 긍정적인 분위기와 성공하는 분위기를 구분했다. 성공하는 분위기의 회사는 스스로 발전을 거듭하고 뜻이 통하는 새로운 이니셔티브들을 계속 떠안는다. 업무 수행에서도 지속적으로 장애 요인들을 극복하는 것은 위로부터 압력을 받아 하는 것이 아니라 직원들의 내재적인 행동에 입각해 하기 때문이다. 이것은 반드시 긍정적인 보상의 근거가 되는 성공적인 결과를 가져올 것이다.

결과와 보상의 전달

- 지난 3년 동안 목표를 2회 이상 성취했는가?
- 지난 3년 동안 변동급여는 최소 '평균' 수준이었는가?
- 일반적으로 많은 사람들이 결과를 공유하고 있는가?
- 현금 지급과 별도의 보상을 받고 있는가?
- 근무 시간은 조직 문화를 이해하는 데 충분한가?

1990년대에 경영 리더들은 성과관리 위한 높은 정도의 관심을 기울였다. 인재 경영 작업은 다양한 현대화된 성과 관리 도구를 개발함으로써 이러한 관심을 표명했다. 그 목표는 일과 성과에서 상호간 기대하는 바를 좀 더 명확히 하는 것이었다. 전체적으로 높은 수준의 성과와 성공이 요구되었다. 더 나은 성과들이 더 좋은 포상을 이끌어냈음은 물론이다. 많은 경우 보상 정책과 그 실행은 새로운 성과 패러다임에 맞추기 위해 새로 수정되거나 개정되었다. 특히 변동급여와 보너스 체계는 새로운 현실을 반영하기 위해 수정되었다. 일반적으로 보상 패키지 중 스톡옵션과 같은 변동급여 부분은 더욱 중요해지기 시작했다.

오늘날 젊은 직원들이 일과 진로에 대한 태도는 변했다. '성과 계약' 의무들은 더 잘 이해하는 대신 업무와 관련된 기대는 더욱더 중요하게 생각하게 되었다. 같은 맥락으로 한 조직에서 오랫동안 일하겠다는 생각도 점점 사라졌다.

최고 임원은 보너스도 최고로 받는다?

오늘날 대부분의 기업들이 '성과 계약' 의무를 잘 이행하고 있다고 말했다. 이것은 성과와 결과가 나와야 보상을 할 수 있다는 것을 의미한다. 다시 말하면, 성과 없이는 보상도 있을 수 없다는 것이다.

이러한 사실에도 최근까지 최고 리더에 대한 보상, 특히 보너스와 스톡옵션 변경과 관련된 공식적인 논쟁이나 설명에 대한 요구가 거의 없었다. 이러한 이슈가 떠오르는 것으로 보아, 많은 사람들은 최고 리더들의 보상 수준이 그들의 개인적인 기여와 그에 따라 달성한 결과에 근거하여 정당화된다는 것을 잘 모른다는 것을 알 수 있다.

임기보다 더 오랜 기간 동안 역할을 수행해 온 정말로 성공한 리더들에 관해 일반적인 합의가 있다. 가령 최소 5년이라고 치면, 그들의 포상 패키지가 다른 사람들의 것보다 크게 많은데도 포상에 대해서 이의를 제기하지 않을 것이다. 잭 웰치는 GE에서 CEO로 있을 때 이러한 문제로 한 번도 고민한 적이 없다. 그 이유는 당시 그가 GE에 깊은 영향을 준다고 보여졌고, 또 개인적으로 수년간 GE에 성공을 가져다주었기 때문이다. 또한 그는 사장이었을 당시에도 공정하게 중요 가치들에 대해 언제나 충성을 다했다. 대체로 그는 계획된 목표들에 대항하여 인식할 수 있는, 그리고 지속적인 결과들을 전달한 셈이었다.

가장 부정적인 경우는 새로운 리더들이 포상자로 임명되었을 때 그것을 색다르게 받아들여 그들의 지위로 공공의 분기를 일으킨다는 것이다. 이런 예는 안데르스 모베르크Anders Moberg가 2003년 네덜란드의 식품 회사인 아홀트의 사장직으로 지명되었을 때에 일어났다. 그의 보상 패키지는 일부 성과에 기반한 보너스를 제공하는 것과, 만일 성과를 내지 못해서 회사를 떠날 때 높은 상여금을 제공하는 후한 내용이 포함되어 있다고 알려졌다. 금액의 정확성을 떠나 그는 곧 '1,000만 유로맨'으로 유명해졌다. 이에 대한 신랄한 토론이 일어나고 난 후 모베르크는 그의 보상 패키지를 조금 양보하기로 했고, 이 양보가 무엇인지 공식적으로 발표했다. 그런 후에야 비로소 논쟁은 수그러들어 그는 다시 일자리로 돌아올 수 있었다.

최고 임원들에 대한 포상 수준도 함께 최고의 수준으로 하고 있지는 않는가? 일부 예외적인 상황을 빼고는 아마도 그럴 것이다. 우리는 대부분의 주요 회사들과 다른 조직들이 보상 정책에 책임을 다하고 있다고 믿는다. 그런데도 CEO들에게는 큰 도전이 있는데, 보상과 관련한 정책들이 어떻게 만들어졌고 그로 인한 리더들이 무엇을 기대할 수 있는지를 잘 설명하는 것이다.

이러한 도전에서 역학 관계와 기술적 측면에 자꾸 집중하고 싶은 유혹이 들겠지만, 그러한 유혹을 최대한 뿌리쳐야 한다. 대다수 사람들은 그러한 역학 관계나 기술적 측면에 대한 기본적인 이해가 부족하기 때문이다. 그 대신 중점을 두어야 할 것은 경영 리더가 전반적인 성과에 영향을 끼쳐 조직의 장기적인 성공에 핵심적인 기여를 할 수 있다는 것을 설명하는 것이다. 리더의 결정적인 행동들이 시간이 지남에 따라 긍정적인 영향력을 가질 수 있다는 것을 잘 설명하는 것이 그보다 훨씬 더 중요하다.

근로 의욕을 떨어뜨리는 보상들

앞에서도 말했듯이 아홀트의 안데르스 모베르크 경우는 보너스를 포함한 보상 패키지와 직원들이 원하는 결과 사이에 명확한 연관성이 없었기 때문에 그러한 문제가 일어났다. 이러한 인식이 있으면 새로운 리더에게 좋지 않게 작용하고, 리더가 주변인들을 격려하고 전 사원들을 움직이도록 영향력을 행사하는 데에도 방해를 받는다. 보상의 일부를 양보하기로 한 모베르크의 결정은 그런 면에서 현명한 것이었다고 볼 수 있다.

물질적인 양보만이 특별하게 중요한 것은 아니다. 여기서는 그가 사람들이 일어난 논란을 귀 기울여 들었는가 하는 것이고, 개인의 신용을 회복시키기 위해 기꺼이 행동을 취했는가가 중요하다. 오늘날 모베르크의 포상 패키지에 관한 논란은 멈추게 됐고, 이것은 또한 모베르크가 확실히 깊이 있는 경제와 경영 문제들을 처리할 때 좋은 지도력을 발휘하고 있다는 얘기이기도 하다.

앞의 전략적인 틀에서, 우리는 지적으로 이해가 가능한 전략적인 틀을 짜는 과정에서 첫 번째로 필요한 단계를 말한 적이 있다. 그것은 좀 더 실체적이며 구체적인 행동으로 해석할 수 있다. 우리는 이 과정을 일컬어 '전략에서 행동으로'라고 일컫는다. 이 과정은 전달된 구체적 결과라는 점에서 개인에게 무엇이 기대되는지를 정의 내리기 위한 것과 관련이 있다. 그래서 '전략에서 행동으로'는 실질적으로 보너스가 목적인 현실적인 목표들을 잡기 위한 행위를 도울 수 있다는 것이다.

인재 경영의 한 역할은 '전략에서 행동으로'의 과정이 적절히 구성되고 이해되었다는 것을 보기 위해서이기도 하다. 그 성과는 일의 계획, 그리고 정확하게 전략과 같은 선상에 있는 개인들과 팀을 위한 목표물들에 사용될 수 있다.

그러한 계획과 목표를 갖는 것은 전략과 일직선상에 있는 변동급여 및 보너스 체계의 설계를 지원하게 될 것이다. 만일 일의 계획과 변동급여 및 보너스 체계가 모두 전략과 일직선상에 있다면, 이것은 힘 있는 강력한 결합이 될 것이다.

그러나 불행하게도 이런 연결 구도는 현실에서는 거의 존재하지 않는다. 다만 변동급여 체계를 설계 혹은 재설계하는 것이 현 상태보다는 조금 더 활발하게 일어나야 한다는 것에 논의가 있기를 바랄 뿐이다. 기본적으로 모든 전략적 재고는 보상 실행의 검토에 따라, 특히 보상의 변동이 있는 부분을 위해 일어나야만 한다.

그렇다면 목표를 잡고 결과를 전달하는 것과 변동급여 및 보너스 사이에 명백하고 이해할 수 있는 연관성을 만들어내기 위한 올바른 과정을 얻어내기란 불가능할까?

많은 회사들이 그러한 과정에 맞서 힘들게 분투하여 왔다. 잘 만들어진 시스템에 집어넣었는데도 현실에서는 부조화를 이루는 경우가 많았기 때문이다.

어떻게 하면 보다 큰 목표를 잡고 그에 따르는 결과를 보너스 지급이라는 동기로 이끌어낼 수 있는지에 관한 예들은 많다. 하지만 그와 마찬가지로 목표를 잡고 원하는 결과를 받을 수 있는지를 내다볼 수 없는 상황들이 회사 내부와 외부에서 빈번하게 일어난다. 그러한 상황에서는 일할 의욕이 생기기보다는 손상을 받게 된다. 변동이 있을 수 있는 급여 및 보너스 체계에 대한 불만족은 어떠한 가능한 변화라도 일어나기를 고대하면서 더욱더 정교화된 목표 잡기 체계로의 시도로 이어진다. 하지만 그러한 시도는 오히려 역효과를 낳았음이 증명되었다. 게다가 이 접근법은 세부화된 목표 잡기 과정과 성과, 그리고 보너스에 대한 의지가 요구되었다.

보상과 일치하는 결과를 달성하라

보상, 특히 변동급여 지급은 단시간의 목표와 결과를 기초로 한 관료 평가보다는 일관되게 목표한 결과를 이루어냈는지에 대한 실적을 근거로 이루어져야 한다. 이러한 관점에서 볼 때, 향후 효과적이고 이해가 가능하며 지속 가능한 보상 정책 개발은 다음의 내용에 따라서 이루어져야 할 필요가 있다.

회사의 특성상 목표 설정, 결과 달성, 변동급여 지급(보너스, 스톡옵션, 주식 등)과 같은 일련의 과정을 1년 주기로 해야 하는 경우가 있다. 이때는 이러한 주기를 계속 유지하면 된다. 운영적인 측면에서 봤을 때, 몇몇 회사에서는 상대적으로 짧은 기간을 주기로 가져가는 것이 결과를 측정하기가 용이하다.

그러나 대부분의 회사들, 특히 최고 경영진의 경우에는 이 주기를 2년이나 3년으로 늘리는 것이 좋다. 왜냐하면 종종 승부수가 매우 높은 경우, 과정과 결과를 혼동할 수 있는 단기 성과주의에서 벗어날 수 있기 때문이다.

보너스의 지급이나 주식 선택은 여전히 연간 지불에 기초가 되어 있어야 하기는 하겠지만, 그 사람이 얼마나 성공적인 수행을 이루었는가에 대한 평가는 2년 정도의 기간을 기초로 한 뒤 이루어져야 한다.

그리고 자유재량의 여지도 있어야 한다. 세부적인 공식으로 이루어진 계획안이라고 해서 더 좋은 결과를 보장하지 않는다. 아무리 상세하게 계획하더라도 결과를 정확하게 예측하는 것은 불가능하기 때문이다.

그 대신 우리는 다음과 같은 내용을 제안한다. 제한된 핵심 측정 요소를 계획안에 포함시키고 그에 대한 합의를 이루어낸 다음, 좀 더 큰 수준의 재량권과 함께 사용하도록 하는 것이다. 우리는 신뢰가 존재하는 조직에서는 이러한 사전 조정이 더 나은 성과를 불러올 것이라고 믿는다.

어떤 조직에서나 조직의 개개인들에 의해 지켜져나갈 필요가 있는 최상의 중요한 몇 개의 가치들이 있을 것이다. 만일 어떠한 사람이 그러한 가치들을 지켜나가지 못했다면, 그 사람에 대한 보상에 그러한 부정적인 내용이 반영되어야 한다.

4장

인재 경영의 미래

HIGH PERFORMANCE
BUSINESS STRATEGY

인재 경영의
7가지 트렌드

우리는 인재 경영의 영향을 받게 된, 혹은 가까운 미래에 영향을 받게 될 비즈니스 세계의 수없는 발전들을 관찰하고 있다. 그중 몇몇의 주요 추세들은 이미 인식된 것들도 있고, 인재 경영이 무엇을 하는지, 또 어떻게 구성되는지에 대한 관찰에 기초하여 온 것들도 있다. 이제 가장 관련이 깊다고 생각되는 동향들에 관한 간략한 개요를 살펴보자.

- 투명한 지배 구조
- 팀의 지도력

- 인재 경영의 사업 공헌
- 인재 경영의 세계화
- 생산 동력
- 인재 경영의 아웃소싱
- 사모펀드의 활용 증가

투명한 지배 구조

기업의 투명성은 주요 문제로 대두되어 왔다. 몇몇 기업이 투명성 부족으로 대단한 문제를 일으켰을 때 투명성을 향상시키기 위한 국제적인 발의권이 수행되어 왔다. 기업 지배 구조에 관한 미국 법령 조례인 사베인스 옥슬리Sarbanes-Oxley를 가장 핵심적인 예로 들 수 있다. 그밖에 지역적인 발의권이 수행 코드, 발전된 규율 등 새로운 기준들을 몰고 왔다. 회사가 금융기관이나 투자가들로부터 자금을 끌어낼 때 투명성은 필수 불가결한 조건이다.

많은 회사들이 기업 지배 구조를 변화시켜야만 했다. 이러한 상황에 비추어 봤을 때, 우리는 인재 경영의 역할을 내부적인 완전성 문제를 주도하는 것과 명확성을 지키기 위한 다양한 관리체들의 관계와 업무 수행의 역할을 제공하고 있음을 볼 수 있다.

팀의 지도력

지도력은 팀의 지도력으로 바뀔 것이다. '유명인사 CEO'의 시대는 끝났다. 최근 경제 회복에 따라 혁신을 위한 팀의 분위기 창출을 위해서 깊이 있는 경영 지식을 가진 팀들이 요구된다. 지도력은 팀의 효율성을 자극하고 변혁시키기 위해 다양성을 증대시킬 것이다.

인재 경영의 사업 공헌

많은 회사들의 위원회는 인재 경영이 차지해야 할 자리를 가지고 있다. 그들의 공헌을 사업에 전달할 것인가는 인재 경영의 몫이다. 높은 업무 수행을 하는 회사들은 경영 전략 단계에 착수시킬 인재 경영 중역들을 가지고 있다. 사업이 바뀌었을 때, 인재 경영은 진정한 인재 경영의 가치를 더하는 것으로서 다가올 미래를 더 강화시켜 줄 발전과 변화들에 대한 반응을 필요로 한다. 인재 경영 중역들은 다른 위원회 위원들처럼 사업에 관한 깊은 지식을 가지고 있어야 한다. 인재 경영의 기여는 인재 경영의 문제들에 관한 것이다. 그러나 그것은 또한 더 넓은 의미에서의 경영 문제들일 수 있다.

인재 경영의 세계화

경영 환경이 세계화되기 시작하면서 회사들은 이 새로운 상황에 빨리 적응해야만 한다. 아시아의 성공적인 경제 상황은 세계적인 추세로 보인다. 기업들은 국제적인 능력들을 발전시켜야 한다. 국제 인재 경영 전략의 중앙 통제와 활동들, 그리고 지역 환경에 대한 반응 사이의 새로운 균형을 찾아야 한다. 인재 경영의 새로운 역할들이 출현하고 있다. 따라서 새로운 역할들을 지원하기 위한 새로운 능력들이 요구된다.

생산 동력

세계의 모든 회사들이 생산력 증가에 대한 압박을 받고 있다. 직원 효율과 생산력 향상은 비즈니스 세계에서 경쟁의 핵심이다. 동서양 인건비의 커다란 차이는 일자리 창출을 동양으로 몰고 가도록 촉구하고 있다. 지구 반대쪽 세계의 기업들은 이것에 대해 어떻게 반응하고 또 어떻게 살아남을까? 인재 경영은 유연하고 스마트한 조직에 대하여 창의적일 필요가 있다.

인재경영 아웃소싱

회사들은 자신들의 인재 경영의 우선순위가 무엇인지 아웃소싱이 가장 중요한 두세 가지의 우선순위 중 하나가 되어야 하는지에 대하여 더욱 신중히 생각해 볼 필요가 있다. 아웃소싱에 대한 착수가 인재 경영의 중역과 핵심 인재 경영 수행원들의 노력을 수년간 필요로 할 것이다. 비록 참고할 만한 아웃소싱 프로젝트 완성 사례는 아직까지 거의 없다고 해도 인재 경영의 아웃소싱은 현재의 추세이다.

사모펀드의 활용 증가

최근에 들어 우리는 사모펀드의 활동들이 증가되었음을 볼 수 있다. 거액의 사모펀드는 회사를 살 수도 있고, 상장사를 개인의 것으로 만들 수도 있게 되었다.

다국적 기업의 사업 단위Business unit와 부서들 역시 인수 대상이 되고 있다. 사모펀드는 비교적 잘 알려지지 않았으므로 뒤에서 상세히 다룰 것이다.

인재 경영과
사모펀드

2001년 사모펀드 업체들은 규모로 봤을 때, 전 유럽 인수 합병 활동의 7퍼센트를 수행했다. 2005년 당시, 그 비율은 13퍼센트까지 올랐고, 점진적으로 증가했다. 2006년, 대략 20억 5,000만의 유로화가 유럽에서만 단독으로 사모펀드 업체에 투입되었다. 아울러 많은 기업들의 소유권이 이전되었다. 중간 크기의 자립형 회사뿐만 아니라, 다국적 기업의 많은 사업 단위와 부서들이 개인의 소유로 편입되었다. 우리는 이미 앞에서 브리티시 텔레콤의 CEO인 벤 버와이언의 인터뷰에서 인재 경영의 역할에 관해 언급한 바가 있다.

"인재 경영은 중요한 역할을 하고 있는 그들의 안정적인 위치에서 빠져나와야 한다. 인재 경영이 사업의 인간적인 면모에 더 많이 그리고 더 좋게 주목하는 것으로서, 업무 수행 개선의 여지가 있다면 그들은 목소리를 높여서 계속 그 일을 추진해야 한다. 물론 용기가 필요한 일이긴 하지만 인재 경영은 그렇게 할 필요가 있다."

이것은 얼마나 인재 경영이 개인 회사에 가치를 더할 수 있는가에 대한 질문을 유도한다. 사모펀드 업체가 인기가 많지 않으며 몇몇 사람들은 장기적인 미래가 없다고 말하기도 한다. 이제는 그런 사람들이 깨어나야 할 시간이다. 사모펀드 업체는 잠시 머무르기 위해 존재하는 것이며, 비즈니스에서 꼭 나쁜 것만은 아니다. 여기서는 어떻게 사모펀드 업체가 운영되고, 인재 경영이 어떻게 가치를 추가할 수 있는지 살펴보자.

사모펀드의 생존 방식

사모펀드 업체들은 보통 회사에 막대한 돈을 걸고 3년에서 7년이 넘는 기간 동안 투자한 것들을 되돌려 받기를 기대한다. 그들의 전형적인 자금은 빚을 통해 마련된 것이고, 투자에 있어서는 두 자릿수의 수익률을 요구한다.

사모펀드의 거래에 대한 참여는 경영진에게 인수한 사업의 팀 관리를 제공하고 기업가적인 기회나 그밖에도 더 많은 유용성과 자유를 주며 성공한 지 5년여 후에 마침내 '출구'라는 시나리오 아래 경제적인 독립을 제공하기도 한다.

사모펀드 업체들은 경영진이 회사의 지분을 유지하기를 기대한다. 통상적으로 요구되는 투자액은 경영진의 총 기본급의 1, 2배가 된다. 경영진이 민간 업체에서 일하는 것은 주주와 이사회의 한층 더 활발한 상호 작용을 의미한다. 계획은 1~2년이 아닌 5년의 기간을 기초로 한다. 민간 업체들은 이 장기간의 초점에 여유가 있으며, 감시 아래 일할 상황을 줄일 수 있게 된다.

계획의 한쪽으로 치우쳤을 때, 사모펀드 업체들은 큰 규모의 기업들보다 더 빨리 그리고 더 적절하게 조정할 수 있다고 주장한다. 이것은 사모펀드 업체가 큰 규모의 상장 기업을 앞지를 수 있는 이유들 중 하나다. 이것을 항해에 비유했을 때, 그들은 '더욱더 바람이 불어오는 쪽으로 항해'할 수 있다는 얘기다.

직원들에게, 개인회사에서 일하는 것은 성과급과 '더욱 날카로운' 평가, 그리고 선택적 접근이라는 것의 강조를 의미한다. 수행 목표들은 한 개인이 영향을 미칠 수 있을 만큼의 범위에 가능한 가까이 잡는다. 모든 수준에서의 신뢰도는 강화되었다. 대부분의 규약들과 조건들은 갱신되고 더 유연하게 된다. 만일 성공이 실현되지 않는다면, 이것은 낮은 보수들로 이어질 수도 있다.

개인 기업의 생존 방식

일반적으로 상장 기업보다 개인 회사가 긍정적인 점은 다음과 같다.

• **공공의 감시에서 자유로움** : 많은 상장 기업들이 금융 시장의 늘어난 요구로부터 회사의 보고서를 자주(1년에 네 번) 내야 하는 걸 불만스러워하고 있다. 단 한 번의 실수가 즉시 주식 가격의 하락을 가져올 수도 있다. 긍정적인 뉴스를 듣기 위해 가해지는 압박은 회사 내부의 균형을 잃는 방향으로 이어질 수 있다. 비록 그들이 가진 이미지는 다를지라도 개인 회사는 이런 스트레스를 가지고 있지 않고 장기간 자신들만의 계획에 전념할 수 있다.

• **융통성과 자유** : 사모펀드의 주주들은 아주 가까운 거리에서 어떻게 사업이 운영되고 있는지 지켜볼 수 있고, 수정이 필요할 때에도 (상장사의 경우와 같이) 정책과 우선순위의 이해 상충에 의해 의사 결정이 늦어지지 않는다.

• **기업상의 도전** : 사모펀드에 의해 취득된 사업은 소유권 변경을 하지 않는다. 왜냐하면 이전 주주의 관점에서는 커다란 성공이기 때문이다. 그러므로 개인 회사의 상태 변화는 보통 모든 것들을 다르고 더 좋게 하려는 기회로 보여진다.

• **더 높은 잠재적 포상들** : 개인 회사가 취하는 접근법에서 포상은 중요한 역할을 한다. 새로운 회사를 취득함으로 얻어지는 상승의 기회는 일반적으로 굉장히 매력적인 것이다. 그리고 이것이 바로 중요한 영향을 준다. 공공에서 개인으로의 변화를 만든 많은 사람들은 이 요소를 행동 양상과 다른 문화의 핵심 동기로 설명한다.

상장 기업보다 개인 회사가 부정적인 점은 다음과 같다.

• **높은 위험 부담** : 모든 개인 회사들이 성공을 거두지는 않는

다. 잠재적인 높은 보상의 단점은 잠재적으로 낮은 보수와 실패 시 지분의 상실로 이어진다.

• **재무적인 면에만 더 큰 초점 :** 구체적인 재무 관리가 새로운 소유자에 의해 적용된다. 높은 부채의 비율은 관리되어야 하고 회사가 하는 모든 일에서 재무적인 부분이 항상 최우선적으로 고려되어야 한다.

• **통합 가능성 :** 취득 당시에 개인 회사는 이미 4~6년 이내에 취득 회사의 출구 시나리오에 대해서 생각해 보게 된다. 많은 개인 회사들이 중간 크기 정도인 것을 감안하면 그들이 결국 큰 회사에 다시 통합될 것이라는 것은 불가능한 얘기가 아니다.

사모펀드가 사모하는 인재 경영

피인수 기업의 성과에 대한 기대는 수준은 상당히 높다. 사모펀드 업체들은 인력이 성공을 위한 핵심 요소 중 하나라는 것을 잘 알고 있다. 그들은 기업을 인수하기 전에 성공적이고 지속 가능한 가치 창출을 위한 인적자원이 있는지를 면밀히 평가하고자 할 것이다. 그리고 기업 인수 후에는 피인수 기업이 높은 성과를 내기를 원할 것이다. 그들은 두 가지 모두를 위해 인재 경영 전문가들이 경영 전략과 조직, 그리고 사람의 관계에 초점을 맞출 필요가 있다.

우리는 사모펀드 업체들이 그들 내부에 인사 전문가를 보유하는 것이 시간 문제라고 믿고 있다. 향후 사모펀드에 의해 인수될 가능성이 있는 기업의 인재 경영 임원과 전문가들은 커다란 도전을 앞두고 있다.

그들은 도전을 받아들일 것인가? 그들은 더 많은 가치를 창출할 새로운 주인에게 계획을 제시할 용기를 가지고 있는가? 피인수 기업의 인력적인 측면상 새로운 소유권 아래에서 더 나은 성과를 거둘 가능성이 있는가?

우리의 관점에서 일반적으로 인재 경영은 사모펀드가 진입하기 훨씬 전에 이러한 도전들에 대응을 시작해야 한다. 이런 도전들이 인재 경영을 흥미롭게 만드는 것이다.

벤 버와이언은 다음과 같이 말했다.

"인재 경영이 사업의 인간적인 면모에 더 많이 그리고 더 좋게 주목하는 것으로서, 업무수행 개선의 여지가 있다면 그들은 목소리를 높여서 계속 그 일을 추진해야 한다. 물론 용기가 필요한 일이긴 하지만 인재 경영은 그렇게 할 필요가 있다."

인재 경영과 아웃소싱

영국의 브리티시 텔레콤은 몇 년 전 상당한 부분의 인재 경영 활동을 아웃소싱하기로 결정한 회사들 중 하나이다. 계약은 12만 명이 넘는 직원들과 수천 명의 계약자들, 그리고 30만 명의 고용인들을 포함하는 것이었다. 아웃소싱 활동들은 주로 급여 및 복지에 관련된 행정적인 일들을 포함했으나, 인적자원 공급과 성과 관리, 교육 과정 역시 관련되어 있었다.

브리티시 텔레콤처럼 다른 대기업들 역시 최근 그들의 인재 경영 활동에서 아웃소싱을 모색하고 있다. 이처럼 아웃소싱은 크게 인기를 끌고 있다. 그러나 최근의 모든 아웃소싱 프로젝트들이 크게 성공한 것은 아니며, 또한 비용 절감에 관련된 높은 기대감들을 충족시킨 것도 아니다. 큰 규모로 시작했다가 결국 크기를 줄여야 했던 프로젝트들도 없지 않아 있다.

우리는 회사들이 인재 경영의 우선순위가 무엇인지 아웃소싱이 가장 중요한 두세 가지의 우선순위 중 하나가 되어야 하는지에 대하여 더욱 신중히 생각해 볼 필요가 있다는 걸 논의해 왔다. 확실한 것은 아웃소싱에 대한 착수가 인재 경영 임원들과 주요 수행원들의 노력을 수년간 필요로 할 것이라는 점이다.

인재 경영 과제들을 제3자에게 아웃소싱하기로 결정하는 데 무엇을 중요하게 고려해야 하는지 명백하게 알기 위해 우리는 아웃소싱의 주 동기 요인들과 장단점이 무엇인지, 그리고 어떠한 위험성이 연계되어 있는지 좀 더 자세하게 살펴보고자 한다.

인재 경영 아웃소싱을 통한 비용 절감

인재 경영 관리자들의 주된 관심은 인재 경영 서비스의 개선과 품질 향상이다. 그들은 익히 비용 절감의 중요성을 알고 있다. 그래서 시간을 낭비하는 일상 업무들을 아웃소싱함으로써 소위 전략적 인재 경영 활동이라고 간주되는 일들에 더 많은 시간을 투자할 수 있도록 만드는 것에 주로 관심을 갖는다. 이를 통해 직원들로 하여금 비즈니스에 더 많은 가치를 발휘하도록 한다.

최고 경영자들은 인재 경영 아웃소싱을 통한 비용 절감에 가장 큰 관심을 가지며, 또한 아웃소싱을 인재 경영 서비스에 관련된 큰 기술투자를 피하는 방법의 하나로 보고 있다. 서비스 개선조차도 최고 경영자의 관심 사항이나 아웃소싱에 관한 그들의 세 가지 주요 고려 사항 안에는 들지 않았다.

최고 경영자의 기대와 인재 경영 관리에는 차이가 있을 수 있다는 점을 주목해야 한다. 이로 인하여 인재 경영이 사업의 파트너로서 수행하기를 원했던 더 많은 전략적 역할을 위한 형식과 형태를 제공하지 못하는 동시에, 최고 경영자가 기대하는 정도의 비용 절감 효과를 내는 데에도 실패하는 상황이 벌어질 수도 있다. 극단적인 경우, 이러한 차이는 인재 경영에서 오는 부가가치가 오로지 회사 내부 조직에서도 달성 가능한 정도의 비용 절감뿐인 상황을 낳는다. 이러한 딜레마를 피하기 위한 방법은, 아웃소싱 프로젝트를 통해 기대되는 구체적인 비용 절감 정도를 명확히 하고, 동시에 아웃소싱 이후의 인재 경영의 전략적 역할에 대해서도 비슷한 정도의 명확성을 제시하는 것이다.

비용 절감의 문제는 그 회사가 '어떠한 상태인가'와 밀접하게 관련되어 있다. 만일 그 회사가 이미 인재 경영 프로세스와 기능 전반의 시스템, 지역적 위치 등의 표준화를 위하여 상당한 정도의 투자를 했던 상태라면, 외부 아웃소싱 회사의 이용은 결국 적당한 정도의 비용 절감 효과밖에는 이끌어내지 못할 수 있다.

또한 이런 경우 회사가 핵심적인 기능적 지식을 지니고 있는 직원들에게 안녕을 고하고 싶어하지 않다는 점에서도 논란이 가능하다. 회사는 아웃소싱으로 인하여 인재들이 회사를 떠나는 것을 보고 싶지 않을 것이다.

반면에 그 회사가 인재 경영 프로세스와 기능 전반 시스템, 지역적 위치에 관련하여 효과적이고 적절한 투자들을 하지 못했다면, 아웃소싱 시나리오로 가능한 비용 절감 효과는 매우 매력적일 수 있다. 이런 경우, 인재 경영 과제들을 아웃소싱할 수 있는 하나의 서비스 제공자 이용 가능성이 매우 중요하다. 이 시나리오에서 가능한 새로운 딜레마는, 현재 상황에서 아웃소싱으로의 조직 변환에 드는 비용이 매우 높을 가능성이 존재한다는 것이다.

아웃소싱의 장점과 단점

인재 경영에서 아웃소싱의 장점은 무엇일까?

첫 번째로, 아웃소싱을 찬성하는 입장에 선 사람들은 인재 경영 서비스를 제공하는 데 회사 내 직원들보다 제3자가 더 우월하다고 여긴다. 인재 경영 서비스가 핵심 사업일 때 서비스 제공자들은 좀 더 적합한 인재와 기술로 무장한 효과적인 조직을 창조하는 데 더욱 집중할 수 있다. 그들 역시 다른 이익 집단들이 성공하기 위해 업무를 수행하듯, 자신들의 사업을 통해 수익을 창출하기 위해 모든 종류의 일을 할 것이다.

두 번째 장점은 첫 번째 장점과 관계가 있다. 외부 서비스 제공자들은 고객사의 업무를 지원하기 위해 최고 수준의 기술투자를 수행할 것이다. 다시 말해 각각의 고객들이 직접 작은 규모로 투자하는 대신 외부 서비스 제공자들이 투자를 수행한다는 것이다.

세 번째로, 인재 경영 아웃소싱은 다른 시나리오들과 비교했을 때 최저가의 시나리오이다. 규모의 경제로 인해 외부 서비스 제공자들은 더 경쟁력 있는 비용 수준으로 서비스를 운영할 수 있다.

그리고 마지막으로, 아웃소싱으로 인해 위험부담이 회사 자체에서 외주 서비스 제공자에게로 넘어간다는 점을 들 수 있다.

그렇다면 인재 경영 아웃소싱의 주요 단점들은 무엇일까?

첫 번째로, 회사는 전반적 인재 경영 서비스의 효과적 전달을 위해 외부 서비스 제공자에게 의존하게 된다. 이러한 서비스 제공자와의 계약은 수년(최소 5년)에 걸쳐 이어지는 경향이 있고, 큰 액수의 자금을 지급해야 한다.

두 번째로, 인재 경영 아웃소싱 프로젝트는 많은 수의 인재 경영 직원들을 쓸모없게 만든다. 우리는 아웃소싱을 통해 최소 20~25퍼센트, 최대 50퍼센트의 이미 존재하는 인재 경영 직원들이 해고될 수 있음을 경험했다. 인재 경영 인력의 큰 부분을 아웃소싱하겠다는 결정은 단순히 인재 경영에 관련된 문제일 뿐만 아니라 회사 전체에 어떤 메시지를 줄 것인가의 문제이며, 따라서 신중히 생각해 보아야 한다.

세 번째는, 내부적으로 관리되던 인재 경영 서비스를 아웃소싱으로 전환하는 것은 복잡하고도 시간을 소비하는 행위일 수 있다는 점이다. 만일 효과적으로 관리되지 않는다면, 현존하는 서비스조차 붕괴될 수 있으며, 이러한 경우 그 복구의 대가가 비쌀 뿐 아니라 직원들의 사기와 도덕성에 부정적인 영향을 미친다.

그리고 마지막으로, 인재 경영의 내부 고객, 즉 인재 경영 서비스의 이용자들이 새로운 방식으로 일하는 데 적응할 수 있을 것인가의 문제이다. 다양한 수준의 직속 상사와 직원들은 자신들이 기대할 수 있는, 그리고 기대하지 말아야 하는 인재 경영 서비스에 대한 정보를 필요로 할 것이다. 가장 최악의 상황은, 조직의 일부가 여전히 예전의 방식을 고수하고 있는 상황에서 새로운 지시가 실시될 때 발생한다.

위의 장단점에 대한 개략적인 논의가 모든 부분에 대한 철저한 규명은 아닐지도 모른다. 그러나 회사가 인재 경영 아웃소싱을 결정하기 이전에 여기서 다룬 많은 문제들을 주의 깊게 살피고 좀 더 자세하게 논의할 필요성은 반드시 있다.

아웃소싱은 쉬운 일이 아니다

우리는 이미 많은 아웃소싱의 위험 부담들에 관해 언급했다. 우리가 생각하는 가장 큰 위험은, 비용 절감에 대한 비현실적인 기대를 만들어내는 것이다. 이러한 일이 일어나도록 하는 것은 인재 경영 관리자들이 자기 발에 스스로 총을 겨누는 것과 같다. 이처럼 지나친 기대를 피하는 방법은, 아웃소싱 프로젝트의 철저한 준비를 위한 적절한 시간을 갖는 것이다. 즉 아웃소싱될 활동들과 관련된 자세하고도 확고한 계획들을 수립하고, 또한 이해관계자들과 핵심 사항을 최대한 빠른 시간 내에 논의하는 데 시간을 가져야 한다.

우리가 생각하는 두 번째로 큰 위험은, 인재 경영 팀이 아웃소싱 프로젝트에 필요한 노력을 과소 평가하고, 동시에 아웃소싱을 고려해야 할 다양한 인재 경영 우선순위 중 하나에 불과한 것으로 생각하는 경우이다. 일반적으로 이러한 경우에 실행은 불가능하다. 따라서 조직의 주요 관련자들과 인재 경영 어젠다를 새롭게 설정하고,

인재 경영 아웃소싱과 몇몇 주요사항을 제외하고는 인재 경영 우선 순위의 수를 줄이는 것이 필요하다.

만일 주어진 사업 상황에 따라 다른 우선순위 역시 긴급하게 다루어져야 하는 상황이라면, 인재 경영 아웃소싱 프로젝트와 다른 우선 순위들을 함께 관리하기 위해 추가적으로 투입될 방편들에 관해서 명확한 그림을 제시해야 한다.

인재 경영 아웃소싱으로 인해 20퍼센트에서 50퍼센트 사이의 인재 경영 인력들이 해고될 수 있다는 사실 역시 간과해서는 안 된다. 인재 경영 조직을 위해서는 변화로 인한 저항을 관리하기 위해 세부적인 항목이 필요하다.

이 문제는 확실히 인재 경영 조직에서 조심스럽게 다루어져야 하지만, 이것이 조직 전체의 분위기나 사기에 영향을 미칠 가능성 또한 있다. 더욱이 이 문제에 대한 만능 해결책이 없으므로 우리가 지금까지 논의한 상호 소통이 직원들의 사기 저하 위험성을 최소화하는 데 유용하다는 걸 알아야 한다.

마지막으로, 아웃소싱은 쉬운 일이 아니다. 누구나 알고 있듯이 좋은 계획은 성공을 가져다준다. 따라서 아웃소싱의 성과가 기대했던 만큼의 이득을 가져다주지 못했다는 향후 인식을 피하기 위해서는, 기대되는 비용 절감 효과를 명확하게 계산해야 한다. 근본적인 변화들은 아마 인재 경영 자체 내부에서 일어날 것이다.

또한 프로젝트의 성공은 사람들이 새로운 환경에 어떻게 적응하느냐에 달려 있다. 거기에는 많은 위험성들이 따를 수도 있다. 그런데 그들은 대체로 이런저런 방법들로 관리가 가능하다.

그러나 만일 조직 문화가 아웃소싱에 반감을 가지고 있다면, 아웃소싱에 대한 결정을 내리기 이전에 훨씬 더 많은 시간들이 필요할 것이다. 현존하는 인재 경영 서비스가 회사 문화, 그리고 다른 지역 내 직원들 사이의 좋은 관계를 유지할 수 있게 하는 동력으로 널리 인식되고 있는 회사의 경우가 바로 이런 경우이다.

다양한 분야의
인재 경영 모습

이 책의 연구 대부분을 위해 사용된 체크리스트 응답자들은 각각 다른 산업의 다양한 분야에서 일하고 있다. 그런데 우리가 연구를 하다보니 과연 화학 분야의 인재 경영 우선순위와 제약 산업의 인재 경영 우선순위가 크게 다른가 하는 의문이 생겼다. 그래서 중요한 가치를 제공하는 것으로 여기는 인재 경영 활동들에 대해 많은 시사점을 제공하는 헤이그룹의 광범위한 최근 활동들을 끌어왔다. 각각 13개 분야에 관련된 개요는 다음과 같다.

- 화학
- 소비재
- 교육
- 금융
- 건강 관리
- 제조
- 석유와 가스

- 제약
- 공공 분야
- 유통
- 기술
- 전자 통신
- 공익 사업

화학

화학 산업은 핵심 주자들이 지속적인 성장과 이윤을 유지하기 위해 극심한 경쟁을 함으로써 크고 다양한 압력에 직면하고 있다. 특히 이러한 압력들 사이에서, 화학 산업의 원료이자 핵심 연료인 석유제품 가격이 지속적으로 상승한 것이 화학 산업에 이중으로 결정타를 날렸다.

이 분야가 직면하게 된 또 다른 압력은, 환경 문제에 대해 높아지는 사람들의 관심이다. 정부와 로비스트들은 기후 변화 청원과 관련해 노력을 경주하고 있으며, 소비자들도 '녹색' 친환경 산업을 끊임없이 요구하고 있다.

또한 화학 산업은 전통적으로 높은 임금과 고령화된 직원이라는 독특한 인력자원 문제에도 봉착해 있다. 특히 유럽이나 북미의 국가가 그렇다. 이러한 요소들은 비용 상승에 영향을 주고 있으며, 따라서 가까운 미래에 인재 공급이 둔화될 것이라고 어떤 분석가들은 예측한다.

게다가 거세어지는 경쟁과 노도처럼 밀려드는 세계화, 현재 진행 중인 인수 합병 등 세계적인 산업 추세들 역시 이 분야의 지속적인 문제점이다. 이러한 상황에서 세계를 이끄는 대규모 화학 회사들의 도전 과제 중 하나는 개선된 인적자원 관리를 통한 산업 주기와 압력들의 효과적인 관리이다.

화학 회사들이 상당한 시간을 투자하는 인재 경영 문제들은 다음과 같다.

- **명확한 역할 책임과 업무 수행** : 특히 매트릭스화되고, 세계화된 조직 구조에서 더욱 중요
- **리더십 개발** : 높은 기술산업에서의 변화를 주도하고 관리하기 위한 리더십 수완 개발
- **유능한 인재 개발** : 모든 수준에서의 지속적인 미래 성공 요건을 만족시키기 위한 인재 공급선 개발
- **보상 프로그램 개발** : 경영 전략 및 산업의 복잡하고 글로벌화된 구조에 맞는 보상을 담보하기 위한 전반적 보상 프로그램 개발. 산업 및 글로벌 우수 기업들의 우수 사례 벤치마킹 필요함
- **직원 관리** : 변화를 좀 더 효율적으로 관리하기 위해 상세한 직원 설문조사를 통한 직원 태도의 측정 및 관리

소비재

마치 지구상 곳곳의 소비자들에게 음식과 음료, 담배, 공산품 및 개인 관리 제품들을 공급하는 것이 충분히 복잡하지 않은 사업인 것처럼 빠르게 움직이는 소비재 분야는 산업 내부의 특별한 문제에 부딪혔다. 소비재 회사들은 고객을 매료시키고 계속 유지할 수 있는 강력한 세계적인 브랜드 개발과, 한편으론 다양한 문화를 가진 세계 각국의 소비자들의 입맛에 맞는 제품을 생산해야 하는 상황에서 균형을 유지하기 위해 노력해야 한다. 동시에 지속적이고 상호 이익이 될 수 있는 유통업체와 제휴관계 역시 양측 모두 만족할 수 있는 이윤의 제품들을 소비자들에게 전달하기 위해서 필수적이다.

이 분야는 또한 무상표 브랜드에 대항하여 우위를 확보할 수 있는 고품질 제품의 경로를 담보할 필요성이 있고, 따라서 효율적인 혁신 관리는 필수적이다.

최소 비용을 들인 사업 모델로 이 산업 내의 세계화가 크게 증가하면서, 소비재 산업의 국제적인 특성은 한 걸음 더 나아간, 그러나 여전히 심각한 도전과제들을 끌어안게 되었다.

- 효과적이고 효율적인 공급 사슬 개발
- 집중화된 경영과 지역적 유연성 사이의 균형 유지
- 글로벌 조직 문화와 마음가짐의 고취
- M&A 및 매각을 통한 브랜드 성장 및 합리화의 기회 포착

이러한 산업 내 도전 과제들을 최전선에서 충족시키기 위한 노력

의 일환으로 요식업, 음료, 담배, 공산품, 개인 관리 제품 업자들은
다음의 일들을 집중적으로 수행했다.

- **조직 전환** : 성장 관리를 위한 재구조 및 조직 구성
- **문화적 변화** : 세계화된 사고 방식 및 성장 중심의 문화를
개발
- **리더십 전환** : 성장을 이끌어내고, 세계 각 지역 시장의 특수
성을 충족시키면서도 복잡한 글로벌 업체를 이끌어갈 수 있는
리더십 개발
- **성과 관리** : 결과와 책임감을 강조하고, 직원 역량 개발을 결
합한 성과 관리 틀 구축 및 설계
- **브랜드 재능** : 최고 브랜드 창출 리더임을 입증하고, 또한 이
를 개발할 수 있는 역량 체계 구축
- **판매력 개발** : 글로벌 판매력의 성과 및 동기 향상
- **보상 계획** : 직원들의 보상을 위한 정책 및 체계 제공

교육

교육 제공자들은 중앙 및 지방 정부, 교사들, 학부모들과 고용주
들을 비롯하여 공공에 이르기까지 다양한 범위의 관련자들로부터
엄청난 압력과 마음에서 우러난 관심을 받고 있다.

수년간 초·중등 및 고등 교육 분야 전반에 걸쳐 교육 향상과 재정
비는 세계적으로 모든 정부에게 최고의 우선순위였고, 공교육과 사

교육 제공자들은 그 어느 때보다도 더 심한 감시를 받고 있다.

성인 교육 제공자들은 정부의 투자가 강제된 시점에 맞추어 크게 늘어난 시장 수요에 직면했다. 이 분야에서는 개인 및 공공 분야가 혼합된 교육 설비 등 새로운 사업 모델이 등장하고 있다. 한편 학생들은 대학 결정에 있어 더욱 국제화된 선택권을 가질 수 있게 되었고, 이에 따라 제공자들 역시 교육 품질 향상과 국제 기준 요건 벤치마킹 등을 통해 그 경쟁에 뛰어들고 있다.

초등 및 중등 교육 분야에서도 압박은 여전히 거세다. 정치인들과 학부모들의 높은 기준들은 교육 전반에 걸쳐 더 큰 정부 개입을 이끌었고, 이는 정부가 이끄는 변화 도입 및 자금 조달이라는 새로운 책임을 맡아야 하는 교장들에게 새로운 짐으로 다가왔다.

높은 성과를 내는 교육 기관에서부터 '회생'을 앞둔 기관에 이르기까지, 모든 범위의 공교육 및 사교육 기관은 뿌리깊게 자리잡은 도전 과제에 직면하게 되었다. 효과적인 교육 공급자들에게 탄력성을 갖춘 리더의 개발은 이제 필수적이다.

교육기관들의 주된 활동은 다음과 같다.

- **합병** : 복잡한 합병 과정에서 구조 및 과정, 문화상의 전반적 변화 관리를 수행할 수 있도록 대학을 통합
- **리더십 개발** : 세계적 수준의 교육 전문가 리더 양성
- **보상** : 교육 및 지원 인력의 양성, 동기 부여 및 유지에 있어 교육 기관들이 경쟁적 지위를 유지할 수 있도록 하는 보상 체계 마련

금융

끊임없는 변화는 수년간 금융 기관들에 영향을 미쳐왔으며, 완화되려는 조짐 역시 보이지 않고 있다. 거대 금융 기관들이 붕괴됨에 따라 지난 수십 년간 법규 준수는 금융 산업의 슬로건이 되었다. 사베인스 옥슬리 및 그와 비슷한 법들은 금융 기관에 복잡한 규칙 및 제제에 따를 것을 요구할 뿐만 아니라, 그 시행에 있어서도 완벽한 투명성을 갖추도록 압력을 가했다. 정부가 앞장서서 이러한 압력들을 가하고 있을 뿐 아니라, 동시에 주주 및 고객들도 투자 결정을 위해 보다 윤리적인 접근 방식을 요구하고 있다.

법규 준수 외에도 금융 시장이 직면한 문제들은 규제 완화 조치, 가차없는 세계화, 격렬한 경쟁 및 지속적으로 감소하는 고객 충성도 등 매우 다양하고 근본적이다.

이러한 문제들을 제기하는 금융 회사들의 주요 활동들은 다음과 같다.

- **조직 변화와 재구조화** : 빠르게 진화하는 시장 상황에서 기회 및 위기에 더욱 효과적으로 대응할 수 있도록 조직 구조 변화 필요
- **고객 서비스** : 보다 효과적인 콜센터 관리 및 콜센터 내부 인력 역량 강화
- **리더십 전환** : 회사를 시장 내 리더로 만들 수 있는 리더십 역량에 대한 조직 이해도를 높이고, 이러한 특성들을 개발하기

위한 프로그램의 실행

- **인재 개발** : 인재 개발 및 진로 개발 과정 창출로 현재 및 미래의 도전 과제에 대응할 수 있는 인재 양성 노력
- **윤리** : 성과 중심이면서도 동시에 윤리적일 수 있는 운영 방식 요구. 현재 산업 분위기에서 중요한 요구 사항임
- **보상** : 직원들의 동기부여 필요성을 만족키면서도 공공 및 주주의 감시에서도 성과와 보상을 적절히 연관시키고, 직원들의 동기부여 필요성을 만족시킬 수 있는 보상 체계 확립
- **역할 평가** : 조직은 산업이 겪고 있는 큰 변화를 이해하고, 더불어 그 변화가 자신의 역할 신뢰성 및 자기 개발 필요성에 가져올 영향을 이해할 필요가 있음

건강 관리

건강 관리 관련 산업은 전 세계적으로 큰 변화에 직면하고 있으며, 이는 공공 및 개인 분야 전반에 걸쳐 비슷하게 일어나고 있다. 많은 국가들에서 이 같은 압력은 건강 관리 회사의 새로운 사업 모델 및 경영 전략의 출현을 주도하고 있다.

이러한 진화는 고령화된 인구로 인한 건강 관리 수요 증가에서 첨단기술 의약품 및 의료 기구로 인한 비용 증가에 이르기까지 다양한 요인들에 의해 유도되었고, 더 빠르고 더 나은 서비스에 대한 환자들의 기대 수준 역시 더욱 높아지고 있다. 개인 사보험이든 혹은 공

공 건강보험이든, 건강 관리 제공업체가 자금 조달과 관련된 높은 압력을 받고 있는 상태에서, 이러한 모든 변화는 산업 전반에 큰 영향을 미친다. 건강 관리 경영자들은 의료 행위 및 고객 서비스의 우수성과 제한된 예산 사이에서 균형을 맞추어야만 한다.

그러나 급진적인 새 사업 및 경영 모델은 환자들의 기대에 부합하는 발전 방향 역시 가능함을 보여준다. 공공 및 개인 분야의 협업이 늘어나고 있으며, 건강 관리 제공자들의 자원 운용에 있어서도 보다 큰 범위의 경영 관리가 가능해졌다. 기업 지배 구조 및 법규 준수와 투자자들의 요구 사항 사이의 균형을 맞추고자 하는 새로운 구조 역시 발전되고 있다. 산업 내에서 일어나고 있는 이 모든 활동들은 전통적으로는 특정 환자들에게 최고의 서비스를 제공하고 싶어하는 특수 임상인들에 의해 운영되어 왔다.

건강 관리 제공자들이 당면 과제를 해결하기 위해 하고 있는 핵심 활동은 다음과 같다.

- **조직 전환** : 제공자들은 그들이 직면하고 있는 모순된 우선 순위들을 관리함과 동시에 효율성 및 효과 역시 개선시키고자 함. 필요한 변화를 수행하는 데 필요한 구조 및 과정 구축으로 전략 현실화
- **리더십 전환** : 변화의 시기를 주도할 수 있는 인재를 식별하고, 팀의 효과를 유지 및 향상시키는 동시에 복잡한 변화를 이해하고 운영할 수 있는 리더를 양성하고자 함
- **직원 개발:** 지속적으로 변화하는 새로운 산업 변화에 적응할

수 있는 직원들의 기술 및 행동 특성들을 개발하고자 함
• **다양성 :** 배경에 관계없이 직원들의 능력 및 잠재 능력을 개발할 수 있는 다양성 프로그램을 구축
• **보상 :** 전반적 시장의 벤치마킹을 통해 모든 수준의 직원들이 그들의 책임 및 성과에 따라 적절히 보상받을 수 있도록 함
• **직원들의 태도 :** 변화 과정을 통한 더 나은 지원 활동을 위해 직원들의 태도 이해

제조

제조업은 지난 수십 년간 압도적으로 큰 도전 과제에 직면했던 산업으로, 특히 큰 압력에 직면한 개발도상국의 회사들을 비롯하여 산업화된 국가들에게는 더욱 큰 문제로 작용해 왔다. 저비용 구조에 큰 혜택을 받아 흔히 호랑이 경제라고도 불리는 제조업은, 서양의 많은 제조업체들에게는 하루하루 버텨 나가는 것이 중요한 과제일 정도로 엄청난 경쟁 속에 있으며, 가격 전쟁과 원자재 가격의 상승은 이익 마진율 역시 손상시켰다.

비용 절감 압력이 지속되는 상황에서 최저 비용 구조를 확보할 수 있는 생산 시설의 국외 이전, 새로운 기술 도입으로 인한 비용 절감, 품질 향상, 생산량 유연성 확보, 그리고 빠르게 변화하는 소비자 요구 충족에 이르기까지 모든 복잡한 도전 과제들이 제조업체들을 괴롭혔다.

공급 사슬은 더욱 길어져 보다 복잡하고 정교한 물류 체계가 필요해졌고, 조달은 웹을 기초로 한 기술로 변경되었으며, 에너지 가격은 비용을 증가시키고 있다.

제조업체들의 핵심 활동은 다음과 같다.

- **조직 구조** : 글로벌화된 생산 시설을 효과적으로 관리할 수 있는 조직의 개발
- **역할 설계** : 신뢰성이 있고 성과를 중심으로 하는 역할 설계
- **보상 관리** : 급여 체계(특히 변동급여)를 비용과 정확히 연계. 서방에서는 보상 및 의료 혜택 등의 인력 비용에 대한 지속적인 압력이 존재함
- **팀의 효용성** : 제조업의 중요한 특성인 팀 기반 조직 구조 구축
- **리더십 전환** : 큰 압력과 도전 과제, 변화에 직면하고 있는 산업을 이끌어 나가기 위해 요구되는 능력의 개발
- **직원들의 태도** : 직원들의 동기 부여 측면에서 좋은 효과를 낼 수 있는 인재경영 프로그램 및 정책 창출을 위해 직원들의 태도 및 고려 사항을 이해할 수 있도록 함

석유와 가스

석유와 가스 산업은 원유가가 오름에 따라 수익성 수준이 개선되리라고 널리 보고되었는데도 아직도 거센 도전에 직면하고 있다. 많

은 압력들 중에서 가장 중요한 문제는, 산업의 미래 원천, 즉 원유가 나올 가능성이 높은 지역을 확보하기 위한 끊임없는 조사이다.

유전 탐사가 지속적으로 진행되는 동안 다른 일상의 압력들도 있다. 현재 존재하는 유정들 사이에서 더 많은 양의 석유를 산출하는 것, 그리고 현재 주유소가 슈퍼마켓처럼 '전통적인' 소매상들과 벌이고 있는 가격 경쟁에서 유추할 수 있듯이 하류의 수송, 판매 단계의 경쟁력을 강화하는 것이다.

석유 회사들은 또한 소비자들에게 점점 더 영향을 미치고 있는 영향력 있는 환경 단체의 반대 활동 등 엄청난 환경 문제들에 직면해 있으며, 이 같은 환경 문제는 세금 증가 등 정부의 지속적인 압력에 의하여 더욱 악화되고 있다.

석유, 가스 산업은 그 산업적 특성상 세계화 정도가 높으며, 따라서 캐러비안의 허리케인과 같은 한 지역의 특정 사건의 결과가 전 세계의 석유 이용 가능성과 가격에 큰 파장을 불러일으킬 수 있다.

석유와 가스 산업의 핵심 활동은 다음과 같다.

- **조직의 재구성** : 회사의 조직이 그들의 목적 달성을 위해 최적으로 구성되어 있는지와 같은 중요한 전략적 질문 제기
- **리더십 개발** : 산업의 높은 경쟁과 복잡한 환경이 요구하는 리더십 능력의 정의
- **직원들의 태도** : 더 효과적인 동기부여가 가능한 인재 경영 정책을 정의하기 위해 직원들의 태도 및 고려 사항을 이해
- **인재 개발** : 직원들이 자신들의 모든 잠재 능력을 개발할 수

제약

세계적으로 제약 산업은 근본적인 변화를 겪고 있다. 규제의 요구, 제품 문제, 가격에 대한 압력, 약료 경영의 성장을 비롯하여, 현재 나타나고 있는 혁신과 통합 관련 문제들이 제약 회사들이 직면하고 있는 문제들이다. 이 산업은 또한 제품의 수명 주기를 줄이라는 압박과 새로운 약을 더 빠르고 효율적으로 시장에 출시해야 하는 압력에도 놓여 있다. 새로운 약을 개발하는 데에 10년 이상이나 걸리고 투자 수익을 얻기도 쉽지 않은 상황에서, 투자자들은 점점 인내심을 잃어가고 있다.

제약 산업은 가장 큰 과제가 혁신인 지식 기반 산업이다. 그러나 많은 제약 회사들이 엄청나게 큰 규모인 데다가 주된 연구를 빨리 완성할 수 있는 민첩성이 결여되어 있고, 이 두 가지 요인이 시장 주기 속도의 비생산성을 유발하고 있다.

제약 회사들은 제품 개발과 함께 영업도 관리해야 한다. 지역적이고 기능적인 라인들의 융합을 위해 통합된 조직이 필요하지만, 동시에 지식 공유 및 새로운 전략의 한결같은 전파를 위하여 매트릭스 구조 역시 필요하다. 핵심 문제는 어떻게 견실한 판매 목표 유지와 효과적인 임상 실험을 수행하는 동시에 제품 개발 주기를 단축시키고, 또한 인적 자본 비용을 절감할 수 있는가 하는 것이다. 이들의 균형을 맞추는 것은 어려울 뿐만 아니라 만만치 않은 비용이 들어간다.

제약 산업은 기존의 대형 인기 약품 중심에서 좀 더 세분화되고 고객층이 확실한 제품의 개발 추세로 옮겨가고 있다. 기존의 하나, 혹은 두 개의 제품에서 대부분의 수익을 얻었던 구조와는 달리 전문적인 약품에 의한 보다 점진적인 수익 흐름 구조로 변경되고 있으며, 따라서 다른 접근법이 필요하다.

그리고 모든 제약 회사들은 어떻게 하면 임상 의학자들이 그들의 제품을 선택하게 할 수 있는지, 또한 어떻게 일반 의약품 OTC 시장에서의 소매 소비자를 대상으로 판매를 증대시킬 수 있는지 등 영업력 강화를 위한 비용과 효율성 문제를 고민하고 있다.

세계적인 제약 산업의 핵심 활동은 다음과 같다.

- **리더십 전환** : 산업의 심한 변동성에 직면하여 회사를 올바르게 조종할 수 있는 리더의 의식 전환
- **효과적인 판매력** : 조직이 보다 효과적인 영업망을 구축할 수 있도록, 가장 진보적인 진단 및 개발 과정들을 개발
- **조직 설계** : 산업이 직면한 도전과제에 가장 적합한 조직 구조 구축 개발
- **팀의 효용성** : 매트릭스 조직 내에서 모든 수준의 직원들이 성공적으로 업무 수행을 할 수 있도록 함
- **직원들의 태도** : 직원들의 태도를 조사하고, 동기부여를 우선

화할 수 있는 프로그램 개발

- **보상** : 직원들의 신뢰성 및 성과에 따라 보상할 수 있는, 공정하고 경쟁력 있는 보상 체계 개발

공공 분야

공공 분야에서의 단 하나의 불변의 법칙은 변화를 위한 필요성이다. 공공 분야는 끊임없이 변화되어가고 있다. 변화 없이 그대로 있는 경우는 아무것도 없다. 새로운 제안들이 계속 추진되고 있으며, 근본적 재정비 프로그램 역시 더 나은 성과를 낼 수 있도록 지속적으로 실행되고 있다.

매주 전 세계에서는 법이 제정되고, 새로운 변화가 일어나며, 새로운 문제가 등장한다. 산업화된 국가와 개발 도상국에서는, 모든 정부 관리들이 현행 유지 및 개선을 목표로 일하고 있다. 변화를 위한 압력을 받고 있는 곳은 지방 정부도 예외가 아니다. 지방 정부들은 일반적으로 중앙 정부가 이끄는 변화의 주체이고, 또한 공공 서비스의 많은 영역이 민영화된 국가들에서는 그 변화 정도가 더욱 크게 나타나고 있다.

변화는 조직의 구조와 그것을 구성하는 사람 등 모두의 측면에서 접근해야 한다. 그 조직 구조가 변화 실행을 지원하고 있는가? 변화 실행을 위한 역할들이 올바르게 정의되었는가? 그 역할을 맡은 사

람들이 변화에 도달하기 위하여 충분한 기술을 가지고 있는가?

공공 영역에 들어갈 수 있는 핵심 활동은 다음과 같다.

- **조직의 효과성** : 행정 팀들이 조직의 전반적인 효과 및 성과를 달성하는지 여부와 전체적 관점에서 공공 단체에게 접근하는지 여부를 살펴본 뒤 현재 및 미래 전략 과제 지원이 가능할 수 있도록 조직 구조의 분석
- **리더십 전환** : 리더를 개발하고, 그들이 이끄는 공공 및 문화에 줄 수 있는 영향력을 이해하도록 도움. 이는 그들의 성과를 증진시키는 것으로 증명됨. 각 개인이 더 나은 역할 수행을 할 수 있도록 필요한 기술을 이해하도록 함으로써 리더와 그들의 조직이 고성과 팀으로 인한 성과를 거둘 수 있도록 함
- **보상 전략** : 조직의 목표, 정부 계획, 그리고 직원들의 동기 부여와 연계되는 보상 체계 설계
- **직원과 고객 조사 직원의 태도** : 직원들의 고려 사항 및 동기에 대한 더 나은 이해를 통해 변화 관리 도모

유통

다른 어떠한 산업도 유통 산업만큼 빠르고 쉼 없이 돌아가지는 않는다. 소비자들이 계속 지갑을 열게 하기 위해 일어나는 영업의 시간당 측정과 상품 포트폴리오의 빠른 진화는, 유통 산업이 진실로 잠들지 않는 산업임을 의미한다.

매우 복잡한 영향 요인들에 의해, 더욱 선택적이고 가격에 민감해진 소비자들의 필요를 충족시키는 유통 업자들의 능력은 손상되고 있고, 따라서 도전은 더욱 어려워졌다.

전통적으로 국가 내 산업이었던 유통 산업이 월마트, 테스코, 까르푸와 같은 글로벌 대기업들의 계속되는 확장 전략으로 인하여 세계화 정도가 높아지고 있고, 이와 더불어 진행 중인 시장 및 제품 라인의 다각화 전략에 의해 유통 산업 내 게임의 법칙들이 변화하고 있다.

유통 산업의 낮은 가격 및 고마진 유지 필요성은 공급 업자 및 직원들에게 지급되는 비용에 막대한 압력을 가하고 있으며, 동시에 유통 업자들은 상품의 품질과 서비스로 경쟁자들과 차별화해야만 하는 과제를 안고 있다.

다음 활동은 앞서나가고 있는 소매상들이 사업의 중요성을 증대시키기 위해 수행해 온 것들이다.

- **조직 효과 :** 유통 업자들을 경쟁에서 이길 수 있게 함과 동시에 지속적인 변화에 민첩하게 대응할 수 있게 하는 조직의 창출
- **리더십 전환 :** 매우 복잡하고 빠르게 움직이는 시장 환경 하에서의 글로벌 회사들을 관리하는 데에 필요한 리더십 팀 개발
- **인재 전략 :** 인재 개발 향상 및 모든 수준의 직원들에게 동기를 부여할 수 있는 프로그램 설계
- **보상 :** 매장 직원에서부터 임원진에 이르기까지 모든 수준의

기술

소프트웨어와 하드웨어 IT 서비스를 포함한 세계의 기술 분야는 지난 10년 간 가장 호황이었던 산업이었다. 기술 발전의 폭은 과히 경이로운 수준이었으며, 단순히 성장뿐만 아니라 새로운 제품과 서비스 집중성에서도 역시 마찬가지였다.

이 분야는 또한 세계화, 합병, 아웃소싱, 국외 기업 등 다른 산업보다 더 많은 변화를 겪어 왔다. 기술 산업은 그 변화의 폭과 속도에서 세계를 주도해 왔으며, 최근 인도에서의 IT 붐이 시사하듯 그 경제 전체를 향상시킬 수 있는 힘을 가지고 있다.

이 분야의 관리자들에게, 기술 혁신의 폭과 조직의 변화는 특별한 과제들을 안긴다. 끊임없이 변화하고 있는 기술에 대한 깊은 이해가 필요하며, 진화하는 고객 니즈를 충족시킬 수 있는 신상품 및 서비스 창출을 위한 기술 투자, 주요 투자에 관련된 위험 관리 능력을 비롯하여 M&A를 통한 회사 규모의 구축에 이르기까지 그 과제 목록은 끝이 없다.

기술 산업의 핵심 활동은 다음과 같다.

- **리더십 평가와 개발** : 글로벌 환경에서 성공하기 위한 상위 관리자들의 리더십 기술 개발
- **조직 재구성** : 효과적이고 믿을 수 있는 조직 창출
- **보상 관리** : 성과와 보수를 연동시킴으로써 조직의 보상 예산의 가치를 극대화

전자 통신

전자 통신 산업과 그들이 제공하는 서비스는 지난 10년 간 알아볼 수 없을 만큼 변화해 왔다. 국가적인 독점 회사였던 통신 회사들은 성장 및 고객 유치에 적응하고, 또한 그들의 중심 사업을 유선 전화 사업에서 유선 및 무선 플랫폼을 통한 통합 음성 서비스와 데이터 제공으로 변화시키면서 세계적 수준의 경쟁자들로 변신했다.

전자 통신 산업이 직면한 오늘날의 가장 큰 과제는, 전 세계의 기업 환경 및 고객들에게 가장 최근의 기술들을 지속적으로 제공해야만 하는 상황에서 계속 선두 주자로서의 지위를 유지하는 것이다. 큰 규모의 재구조 및 소유권의 변화들은 이 회사들이 조직 및 직원 동기 부여를 위해 얼마나 많은 변화를 수행하고 있는지를 보여준다. 조직 내부 및 복잡한 조직의 통합 움직임은 빠르게 진화하는 시장에

서 성공하기 위해 요구되는 민첩성과 연결된다.

그러나 아직 많은 과제들이 남아 있다. 아직도 많은 회사들이 성장과 고객 유치 사이에서 균형을 잃고 분투하고 있다. 포화 상태인 서양 시장에서는 제품의 차별화, 서비스와 혁신이 핵심이며, 동시에 자체적인 문화적 도전과제를 내포하고 있는 덜 발전된 지역에서의 시장 점유율 다툼도 함께 이루어지고 있다.

전자 통신 산업의 핵심 활동은 다음과 같다.

- **직원들의 동기 부여와 참여 :** 성과 개선을 위하여 직원들의 참여 및 동기를 부여할 수 있는 방법론 이해
- **리더십 평가와 개발 :** 복잡한 경영 전략들을 전달할 수 있는 관리자들의 리더십 능력 개발
- **보상 관리 :** 성과와 보수를 연동시킴으로써 조직의 보상 예산 가치를 극대화
- **조직의 재구성 :** 효과적이고 믿을 수 있는 조직 창출

공익 사업

오늘날의 공익 회사들은 빠른, 또한 근본적인 변화의 시대를 맞게 되었다. 공기업과 사기업 모두 지속적으로 변하는 규제 틀에 적응해야 할 뿐만 아니라 세계화되고 있는 시장 구조 안에서 운영되어야만 한다. 공익 사업 조직의 특성들도 규제 완화 및 민영화, 합병 등의

변화와 함께 진화되고 있다.

에너지 제공자들은 급상승한 원료 가격에서 비롯된 급격한 비용 증가로 인한 추가적인 부담에 직면했으며, 고객들 역시 환경적으로 최소한의 영향을 주는 더 좋고 저렴한 서비스를 요구하게 되었다.

공익 사업의 구조 및 소유권, 규제 패턴은 나라별로 큰 차이를 보인다.

공익 사업체들의 핵심 활동은 다음과 같다.

- **조직 전환** : 민영화 및 M&A와 같은 큰 변화에 적응. 지속적으로 변하는 시장에 적응하기 위한 전력회사들의 조직 구조 및 성과 모델 개발 등의 예
- **변화 관리** : 변화를 효과적으로 관리. 예를 들어 새로운 환경에서 성공할 수 있는 믿을 만한 리더십 팀, 그리고 직원들을 새로운 사업 모델들이 요구하는 변화에 적응시키기 위한 프로그램 전달 등
- **성과 관리** : 명확한 성과 모델에 기초한 믿을 만한 조직 창출. 향후 직원들이 더 나은 결과를 수행할 수 있도록 격려하는 개발 과정 구축도 포함
- **리더십 개발** : 근본적인 조직 변화를 겪고 있는 조직을 이끌어나갈 수 있도록 상위 관리자들의 리더십 능력 향상
- **인재 관리** : 세계적 수준의 인재를 선별하고, 보유하며, 육성해 갈 수 있도록 인재 관리 과정을 창출
- **직원들의 태도** : 직원 참여를 고양하고, 생산성 및 직원 만족도를 향상시킬 수 있는 동기부여 프로그램을 개발하기 위해 직원들의 우선순위 및 고려 사항을 이해하기 위한 직원 조사

설계 및 실행

- **보상** : 회사의 신뢰성 및 성과 향상을 강화할 수 있으며, 동시에 규제 및 관련자들로부터 승인받을 수 있는, 경쟁력 있는 전반적 보상 프로그램의 설계

삼일 PwC 컨설팅 사례

HIGH PERFORMANCE
BUSINESS STRATEGY

D증권

삼일 PwC 컨설팅의 SEP 팀은 다양한 기업을 대상으로 직원들의 변화와 혁신 프로그램을 기획하고, 실행 과정에 직접 참여하여 결과를 검토하는 작업들을 해왔다.

일반적으로 경영 개선 활동은 직원들이 일하는 방법(프로세스)에 대한 것을 주로 다루어야 하므로 현장에서 이루어지는 일이 많았다.

경영 혁신은 보통 세 가지 영역으로 구분해서 생각해 볼 수 있다. 바로 3P Product, Process, People 영역이다. 이들 영역은 각각 특징이 있고 어려움도 있지만, 그중 사람을 다루는 인재경영 부문이 가장 어려운 영역이었다. 고려해야 할 범위도 넓거니와 성과 측정도 어렵고, 과정 관리도 결코 쉽지 않았기 때문이다.

삼일 PwC의 SEP 팀이 심도 있게 다루는 부문도 바로 인재경영 부문이다. 그동안 SEP 팀의 컨설턴트들은 프로세스 혁신 활동들을 많이 경험했고, 그 문제점과 한계도 이미 알고 있었다. 그래서 이를 고려해 영업과 사람의 변화라는 주제에 초점을 맞추어 영업 역량 강화 프로그램Sales Enhancement Program, SEP을 기획한 뒤, 이를 현장에서 실행했다. PwC는 2008년 11월부터 2009년 4월까지 D증권 웰스 매니저Wealth Manager, WM SEP를 진행했다.

당시 외부 상황은 글로벌 금융위기 한가운데를 지나는, 그야말로 한치 앞을 내다볼 수도 없는 어려운 시점이었다. 그러나 D증권은 위기 한가운데에서도 새로운 도약을 위한 변화를 실행하고 있었다.

변화를 위한 영업 역량 강화 프로그램은 '영업 마인드 강화', '영업 프로세스 표준화', '현장 실행력 강화'라는 세 가지 구체적 목표를 정해 추진했다.

1. 배경

수익 구조의 쏠림 해결을 위한 수익 구조 다변화 필요성

D증권은 국내 1위 증권사라는 위상을 가지고 있었지만, 수익 구조상 브로커리지(수수료) 비중이 큰 대표적인 증권사이다. 전략적으로 WM과 IB(Investment Bank, 투자은행)에 대한 비중 확대를 통해 수익 구조상 브로커리지, IB, WM의 비중을 2015년까지 3:3:3으로 만드는 목표를 가지고 있었다.

그중 가장 비중이 약한 WM 부문의 성과를 향상시키기 위해 WM들의 역량 강화를 통한 실질적인 영업 성과 향상이 필요했다.

WM 인력 구조의 취약성 해결

WM에 대한 후발 업체인 D증권은 다른 WM 중심 증권사에 비해

WM 인력 구조가 빈약했다. 전체 직원 중 3분의 2가 입사 5년 미만이어서 실질적으로 조직 안에서 최고의 영업 사례를 찾기가 쉽지 않았다.

자산 관리 영업 마인드 부족

WM 팀장과 WM 직원들 중 IM(Investment Manager, 중개 영업직원)에서 전환한 지 1년이 안 된 경우도 많아 WM에 대한 이해가 부족한 상황이었다. 따라서 WM 영업에서 특히 강조되는 고객 발굴 및 고객관리에 대한 마인드 자체가 부족한 것은 당연했다.

지점장들 역시 중개수수료 중심의 관리 방식에 익숙해진 터여서 WM에 대해 '무엇을 관리해야 할지' 관리 포인트를 명확히 알지 못한 경우가 많았다.

2. 프로젝트의 진행 경과

현장 인터뷰를 통한 기대 사항 파악

현장 인터뷰를 통해 기대 사항을 먼저 파악했다. 내부의 담당 임원진, 본사 관련 부서장뿐 아니라 지점장, 영업직원에 걸친 폭넓은 인터뷰를 통해 SEP에 대한 니즈를 파악하려 노력했다.

그때 나온 공통된 의견은 네 가지였다.

첫째, 현장 중심의 SEP 개발을 통해 현장의 변화를 이끌어 달라는 것이었다.

둘째, WM 마인드 혁신을 통해 고객에 대한 기본 마인드 및 WM

업무에 대한 마인드 전환을 요구했다.

셋째, WM 영업 프로세스를 표준화시켜 달라는 것이었다. 기존의 정형화된 프로세스와 각 프로세스에 따른 최고의 사례가 없다 보니 WM 역량 강화를 위한 교육을 제대로 실시할 수 없으며, 이로 인해 역량 차이가 많이 났기 때문이다.

넷째, 현장 실행력 강화가 중요하다는 것이었다. 현장에서 운영할 수 없는 프로그램은 의미가 없다는 얘기였다. 이를 위해 현장을 잘 이해하고 현장 직원들이 적극 참여할 수 있는 프로그램을 만드는 과제를 부여받게 되었다.

콘텐츠 개발

SEP를 시작하기 위해 먼저 D증권에 맞는 SEP 콘텐츠를 개발했다. SEP 실행 모듈은 '동고동락', '영업 기본 스킬', '금융 상품 권유 프로세스', '자산 관리 컨설팅 프로세스' 등 네 가지 영역으로 구분해 준비했다.

동고동락은 현장 변화 관리 프로그램으로 WM 직원들의 마인드 변화를 목적으로 했다. 이는 알고, 행하고, 믿으면 변할 수 있다는 변화 관리 모델에 근거해 개발했다. 영업 마인드(고객 감동 영업) 향상과 더불어 WM 직원들이 스스로 비전을 수립하고 영업할 수 있도록 영업 마인드 향상, 고객 감동 실천 활동, 그리고 자기 관리, 비전 수립 등의 콘텐츠를 강화했다.

영업 기본 스킬은 WM으로서 반드시 갖춰야 하는 논리적 사고, 문서 작성법, 대화 소재 등의 공통 기술을 토대로 개발했다.

금융 상품 권유는 내점 고객을 대상으로 니즈를 파악하고 상품을 선정해 설명하는 과정으로 구성되어 있으며, 특히 내점이 적은 증권사의 특성을 반영해 내점을 유도할 수 있는 방안에 대한 내용도 강화했다.

자산 관리 컨설팅은 아웃도어 세일즈Outdoor Sales, ODS를 중심으로 하는 내용으로 고객을 발굴하고, 상담 기회를 만들고 상담해서 고객화하고, 이후에 사후 관리하는 과정을 다루고 있다. 특히 WM들에게 관심이 있을 법인 고객 및 부자 고객에 대한 영업 콘텐츠를 강화해 개발했다.

교육 콘텐츠 개발과 더불어 우수사례와 PwC의 최고 영업 사례를 토대로 WM 직원들이 필수적으로 체화해야 할 자가 진단 체크리스트를 석세스 플래너라는 시스템으로 구현했다. 이는 자가영업 활동 체크 시스템으로 간단하지만 최고 영업 사례의 체화를 위해 중요한 시스템이다.

영업 담당 코치 양성

2008년 11월, SEP 실행을 위해 전사 차원에서 영업 담당 코치Sales Coach, SC를 선발했다. 선발된 SC들과 함께 SEP 발대식 행사를 진행하여, 사장님을 포함하는 본사 경영진들께 SEP 추진에 대한 계획 보고를 했다. 프로젝트의 주요 운영 위원회 분들은 SEP 활동에 대한 기대와 격려, 그리고 여러 당부를 해주었다.

2주간의 SC 예비 교육(전략 이해, 시스템 이해, 회사 기본 상품 이해 등) 후, 드디어 SEP 추진을 위한 SC 양성 과정이 시작되었다.

SC 양성 과정은 총 8주 동안 진행했으며, 콘텐츠에 대한 이해, 심화, 체화 단계로 훈련이 진행되었다. 이와 더불어 리더십, 강의법,

상품 이해, 지도법, 프로그램에 대한 운영 노하우 등을 익히기 위해 치열한 훈련 과정을 거치게 되었다.

양성 과정을 통해 8명의 SC들은 자신의 비전을 새롭게 수립하고, 이를 달성하기 위해 새벽까지 공부하고 토론하면서 열정을 불태웠다. 밤을 세워가며 SC로 변화하기 위한 각고의 노력을 했던 것이다. 정말 불광불급(不狂不及, 미치지 않으면 미치지 못한다)이었다.

힘든 과정이었지만 PwC 컨설턴트와 D증권의 SC가 혼연일체가 되어 진행했던 양성 과정이었다. 이를 통해 각 SC들의 내면적 변화를 체험할 수 있었다.

과정 중 경영진들께서 연수원에 방문하셨다. SC들의 변화된 모습을 보며 깜짝 놀라셨고, 다음날 경영진은 건강을 잘 챙기라는 편지와 함께 건강 선물까지 주셨다. 이후에도 몇 차례에 걸쳐 참관, 저녁 식사, 특강 및 대화의 시간을 통해 경영진은 지속적인 관심을 보여주었다. 그때마다 SC들의 사명감과 열정은 더욱 커졌다.

8주를 마치는 마지막 주에 SC들이 작성한 자기 비전 발표식을 진행했다. 이를 통해 자신의 비전과 SC로서의 역할을 일치시킬 수 있었으며, 더욱 사명감을 가지고 현장 진행을 준비할 수 있었다.

현장 진행

2009년 2월, 양성된 SC들과 PwC 컨설턴트가 같이 팀을 만들어, 자신감을 갖고 현장 실행 과정을 시작했다. 각 지역 본부 지점들에 대해 차수별로 진행 계획을 세웠다. 1차 현장 교육은 SC 한 명과 PwC 컨설턴트 한 명이 한 팀이 되어 진행했다.

10주 현장 프로그램은 영업 마인드 강화, WM 영업 프로세스 정착, 그리고 현장 실행력 강화를 목표로 매주 3시간씩 2회 현장(지점 내 회의실 및 객장)에서 진행했다.

현장 진행시 금융 위기가 끝나지 않은 시점이라 초반에 많은 어려움이 있었다. 어떤 WM은 당장 고객이 이탈하고 있는 이 시점에 "왜 이런 교육을 받아야 하는지 모르겠다"고 하면서 얼굴을 붉히며 반론을 제기하기도 했다. 하지만 교육이 끝나자 이런 분들의 반응이 달라졌다. 고참 사원들은 "그동안 조각조각 알고 있는 내용들을 체계화시켜 줘서 정말 고맙다. 왜 이런 교육이 한 번도 없었는지 모르겠다"고 하면서 오히려 감사를 표했다. 중견 사원 역시 "입사해서 어리둥절하며 어떻게 영업이란 것을 해야 할지 몰랐는데, 이제는 어떻게 영업해야 할지 자신이 생겼다"며 아직 SEP를 진행하지 않은 지점의 동료들에게 적극 참여할 것을 권유했다.

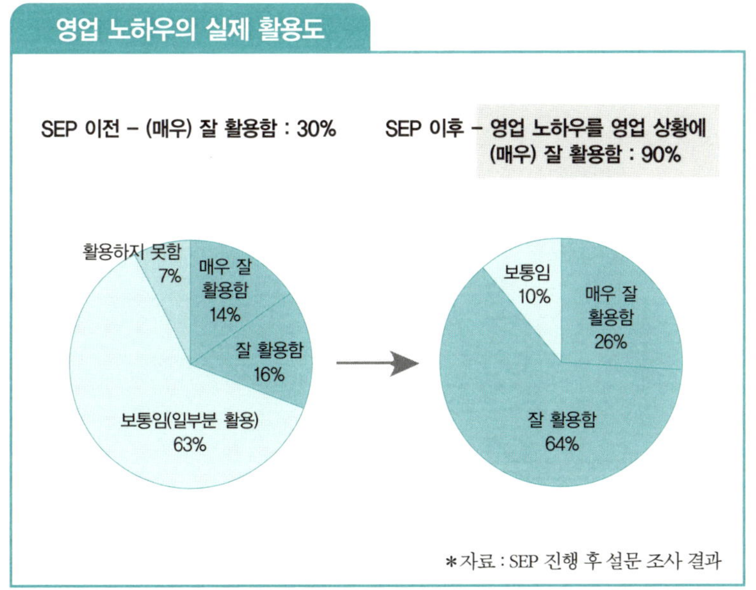

위의 SEP 이전과 이후의 설문 조사 결과와 같이 SEP 실시 전의 영업 노하우 활용도에 비해 SEP 이후 활용도가 매우 증가됐다는 것은 SEP의 실제적인 성과를 보여주는 것이다.

진행 초기에는 반신반의하던 지점장들도 SEP가 완료되자 "그동안 관련 교육은 많이 받았지만 이제야 SEP를 통해 제대로 체계화된 것 같다. 영업 관리의 포인트를 제대로 알 것 같다"고 하시면서 매우 만족을 표했다.

SEP를 통해 영업에 대한 자신감과 노하우 활용이 증대되었을 뿐만 아니라, 금융 위기 상황을 타개하는 데 도움이 되는 실제 성과가 속속 이어졌다.

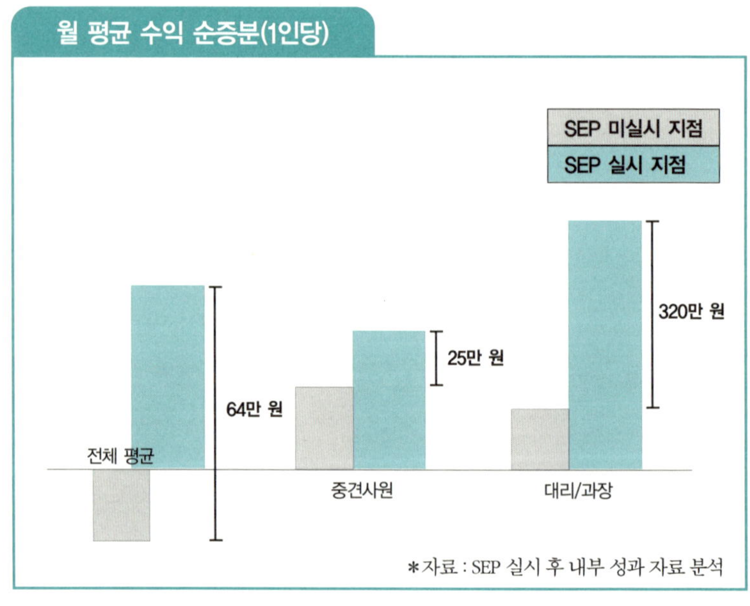

미실시 지점보다 실시 지점의 월 평균 수익 순증분이 높은 것으로

나타났다. 특히 미실시 지점은 마이너스 수익 순증을 하고 있는 시점에서 나온 결과라 더 놀라웠다. 특히 대리/과장급의 성과는 상당히 많이 상승했다. 이는 WM의 핵심 역할을 수행하는 대리/과장급의 SEP에 대한 호응도 및 체화 정도가 더 뛰어났음을 말해 주며, 실제 이런 체화가 영업 활동과 성과로 이어졌다는 것을 입증해 준다.

3. 프로젝트의 핵심 성공 요인

D증권 WM에 대한 SEP 프로그램이 성공하게 된 요인을 살펴보면 다음 세 가지로 요약할 수 있다.

첫째, 전체 단계에 담당 경영진의 지속적인 관심을 들 수 있다.

사장님을 비롯한 리테일 총괄 전무, WM 총괄 전무, 마케팅 담당 상무, 인사 담당 상무, 기획 담당 상무 등의 임원분들이 매월 1회 이상 보고를 받고 지속적인 관심을 보여주셨다. 사장님은 SC들에게 애정을 담아 홍삼세트를 선물하기도 했다. 이런 관심을 통해 SC의 사명감이 증대됐을 뿐 아니라 SEP에 대한 경영진의 확고한 의지가 현장에 전달될 수 있었다.

둘째, 추진 사무국과 SC의 헌신적인 노력을 들 수 있다.

SEP를 처음 기획해 SC를 양성하고 현장 진행을 하기까지 사무국의 열정과 노력이 중요한 요인이 되었다. 현장 중심의 프로그램을 만들기 위한 노력을 PwC와 함께 기울였으며, SC 양성 기간과 현장 진행 시에도 적극적으로 방문하고 어려움을 들어 해결해 주는 역할을 수행했다. 현장 진행 시 본사와 SC와 현장 간의 커뮤니케이션에 문제가 발생하지 않도록 중재 역할을 잘해 줬기 때문에 원활하고 효율적인 프로그램 진행이 가능했다.

SC 역시 선발된 이후 양성 과정을 통해 끊임없는 노력으로 자신을 변화시켜 나갔다. 변화된 SC는 현장에서도 열정과 헌신적인 노력으로 직원들을 감동시켰다. 인생의 비전을 수립하지 못한 직원에게 밤새 지도를 해주고, ODS 영업이 서툰 직원을 위해 같이 법인을 방문해 도와주는 등 헌신적인 행동으로 SEP 성공을 이끌었다.

셋째, 현장에서의 적극적인 참여를 들 수 있다.

현장에서 처음에는 다소 반론도 있었지만 프로그램이 진행될수록 모두 적극적으로 참여했다. 성과 공유를 통해 변화하는 모습을 서로 칭찬해 주고 격려해 주는 등 SC와 WM 직원, 지점장이 하나가 되어 열정적으로 프로그램을 진행했다.

후배인 SC를 위한 지점장 및 고참 직원의 존중과 배려도 중요한 요소였다. 지점장과 고참 직원은 SC로서의 권위를 인정해 주고 묵묵히 자신의 역할을 다해 주었다. 지점장은 적극적으로 직원들이 참여할 수 있도록 독려해 주고, 지원을 아끼지 않았다. "SC를 도와주기 위해 솔선수범해서 질문에 답하고 유쾌한 분위기로 이끌어줬다"는 한 지점장의 말은 그 상황을 짐작하게 하고도 남는다.

고참 직원 역시 SC의 교육과 코칭이 선배로서 달갑지 않을 수도 있었겠지만 자신의 부족한 면을 채우겠다는 태도로 교육과 코칭을 받았고, SC 역시 선배에 대한 존중으로 프로그램을 실시했기에 SEP를 통해 서로 간의 관계가 오히려 돈독해지는 계기가 되었다.

4. 시사점

올해 안으로 D증권은 전 영업 지점에 현장 SEP 실행을 적용할 예정이다. 이미 앞서 실행한 지점들에서 보이는 유형(재무) 성과와 무형(영업점 분위기, 직원 마인드 등) 성과가 고무적인 모습을 보여주고 있다.

D증권 WM 영업 역량 강화 프로그램에서 얻을 수 있었던 시사점은 SEP를 통해 영업 역량의 변화가 극적으로 일어난다는 점이다. 또 그러한 변화의 핵심은 마인드의 변화라는 보이지 않는 영역에 있다는 것이다.

영업 프로세스와 지원 시스템은 보이는 영역이다. 많은 회사들은 이런 보이는 부분(측정이 가능한 영역)의 혁신과 이것을 직원들에게 습관화(체화)하려고 노력을 많이 한다. 물론 중요한 일이다. 그런데 보이는 부분에서 일어나는 혁신이 성공하기 위해서는 반드시 보이지 않는 영역(마인드 혁신, 조직 분위기, 지점장 리더십 등)에서 변화가 선행될 때 가능하다는 점을 강조하고 싶다.

S증권

2006년 당시 S증권은 전사적으로 추진하고 있던 '자산 관리 재무 설계사Private Banker, PB 영업 역량 강화' 프로그램의 추진에서 발생하는 다양한 문제점과 현상을 해결해야 했다.

동시에 S증권사 어디를 가더라도 동일한 수준의 자산 관리 서비스를 제공받을 수 있도록 전 PB의 영업 역량을 어느 정도 수준까지 상향 표준화시켜야 하는지와 실질적 영업 성과로 연결되어 자산관리 영업이 제대로 S증권에서 뿌리내릴 수 있도록 하는 것이 매우 중요한 과제였다.

S증권에 적합한 PB 영업 역량 강화 프로그램 개발에 대한 요청을 받고 우리는 1년여 동안 힘들지만 새로운 분야를 개척하는 일에 착수했다.

그렇게 추진했던 S증권 SSPBSales Success for PB의 사례를 간단하게 소개한다.

1. 배경

S증권은 국내 최고의 증권사로, 증권사 최초로 2003년에 전 영업 직원들의 PB화를 선언하고 기존 브로커리지 위주의 영업 방식을 탈피하여 고객의 자산을 관리하는 자산 관리 영업을 선언했다.

이를 위해 S증권은 첫 번째로 선진 CRM 시스템에 대한 대규모 투자를 실시했으며, 두 번째로 PB연구소를 설립하고 PB 역량 표준 진단 테스트SSRT와 PB등급제를 개발해 자산관리 인력의 수준을 높이는 데 주력했다. 그리고 PB의 등급을 마스터 PB, 시니어 PB, 프레스티지 PB, 주니어 PB 등 4등급으로 나눠 PB의 역량을 구분한 뒤, 등급별로 업무 역량을 정의했다.

그리고 세 번째로 전 직원에 대한 자산 관리 영업 역량을 강화하기 위해 외국계 은행 출신의 자산관리 전문가를 대거 투입하여 영업 직원들에게 교육을 실시했다. 또한 마스터 PB 및 시니어 PB의 영업 노하우를 영업 매뉴얼로 만들어 현장에 배포하도록 했다. 더불어 이러한 혁신 프로그램을 S증권의 모든 지점 단위에서 적용하고 추진했다.

하지만 이렇게 전사적이고 체계적으로 추진되던 S증권의 영업 역량 강화 프로그램은 현장의 실질적인 변화를 이끌어내는 데는 다음과 같은 어려움이 있었다.

CRM 시스템 활용

영업 활동에 대한 모든 기록들을 일일이 입력해야 했고, 일괄적으로 시스템 입력을 강제하다 보니, 400억이나 투자한 시스템에는 온통 보잘것없는 자료만 저장되어 결과적으로 그 활용도가 지극히 낮았다.

PB 등급제 및 표준 역량

PB 등급별 표준 역량은 지극히 개념적이고, 영업에는 실질적으로 거의 도움이 되지 않았다. 또한 PB 등급 사이의 영업 역량은 차이가 많았으며, 각 PB의 출신(삼성투자신탁, 한국투자증권, 하나대투증권, 브로커리지 전문 증권사 등) 배경이 다양해서 서로의 업무 방식이나 추구하는 바가 천차만별이었다.

자산 관리 교육 및 영업 매뉴얼 활용

자산 관리에 대한 교육은 현장에서 바로 적용하거나 실행하기에는 한계가 있었으며, 배포된 영업 매뉴얼은 제대로 공유되고 활용되지 못하고 있었다. 물론 어느 정도 성과도 있었지만, 현장에 자산 관리 방식의 영업이 빠르게 정착하는 데 어려움이 있었고, 역시 PB들 사이의 역량에 대한 심각한 차이를 해결하기에는 미흡했다.

현장 참여 및 영업 적용

모든 지점 및 영업직원들이 일괄적으로 참여해야 했다. 모든 영업사원들이 전사 혁신 방법론인 식스 시그마Six Sigma의 그린벨트를 취득했다. 증권사 영업직원들 입장에선 굉장히 부담이 큰 상황이었고, 어렵고 복잡한 가이드는 실제 영업에 적용하고 실행하기에 벅찬 면이 많았다.

2. 프로젝트의 진행 경과

PB의 영업 경쟁력 및 역량 강화 프로그램으로서 추진된 SSPB는 궁극적으로 PB 업무 프로세스의 지속적인 발전 선순환 구도 완성을 목표로 체계적으로 진행했다.

S증권의 SSPB는 크게 준비, 적용, 확산의 세 가지 단계로 추진되었다.

준비 단계

조직 안팎의 다양한 모범 사례를 검토하고, 표준화를 위한 'To Be 프로세스' 워크숍 등을 통해 PB 영업에 가장 적합하며, 실행이 쉬운 표준화된 To Be 프로세스 PB 영업 성공 디자인Design by Sales Success for PB 모델을 설계했다.

그룹 계열사인 S생명, 화재 및 외국계 GE캐피털과 아메리카은행의 영업 사원 역량 강화 프로그램 및 영업점 관리 방식을 벤치마킹하여, 생명 및 화재 보험사에서 진행하고 있는 영업 역량 강화 프로그램이 증권사에는 적합하지 않을 것(Push형 및 획일적인 방식은 증권사에 맞지 않았다)이라는 판단을 하게 되었다.

GE캐피털의 영업 사원에 대한 프로세스 관리 및 아메리카은행의 탁월한 영업 프로세스 개선 방식 등의 아이디어를 참고해 S증권만의 고유 영업 방식의 개발 방향성을 수립했다.

S증권만의 고유 영업 방식의 개발 방향성
• 영업 사원 수준에 따른 필요성에 따른 풀Pull 방식

- 모든 프로세스를 한꺼번에 진행하지 않고 취약 프로세스 중심
  으로 본인의 취약점을 진단하고 개선하도록 지도
- 외부의 최고 사례가 아니라 내부의 최고 사례 활용
- 활동 과정 관리 도구를 개발, 이후 지속적으로 체크리스트 관리

S증권만의 고유 영업 방식의 개발 방향성에 따라 표준 PB 영업 프로세스를 정의하고, 그중 핵심 프로세스를 선정했다. 또한 핵심 프로세스에 대해서는 내부의 마스터 PB 및 영업 성과 우수자들에 대한 심층 인터뷰를 통해서 그동안 본인들이 가지고 있었던 영업 노하우를 객관화하고 일반화하는 작업을 거쳐 체크리스트로 만들었다. 아울러 거의 모든 지점장님들에 대한 인터뷰를 통해 PB 영업의 노하우를 파악하고 반영했다.

이를 통해 PB 사이의 표준 영업 프로세스의 산포를 최소화하고, 영업 결과 지표만이 아닌 과정 지표에 대한 관리 체계 구축, 삼성증권 PB 영업의 표준 프로세스 체질화로, 고객에게 균질적인 서비스 제공하기 위한 기본 계획을 수립했다.

적용 단계

SSPB의 파일럿 적용은 크게 개별 프로젝트와 지점 프로젝트로 구분하여 진행되었다.

S증권 PB에게 표준적으로 요구되는 자산관리 서비스 영업 역량 확보를 위해, 표준 영업 프로세스(자산관리 영업 매뉴얼의 표준관리 항목)의 준수 부진 항목을 개선하는 개별 프로젝트와 'ODS', '고객 소개' 프로세스를 집중하여 지점의 영업 역량 극대화하는 지점 프로

젝트를 진행했다.

이때 3개월 동안 10여 개의 지점, 총 113명의 PB들을 대상으로 파일럿을 추진했으며, SSPB에 참여한 PB 중 99여 명을 대상으로 'SSPB 수행 성과'에 대한 조사를 실시했다. 이때 핵심 프로세스 준수율은 약 20퍼센트 정도 향상된 것으로 확인되었다.

프로세스 준수율 향상은 영업의 활동량 증대와 자신감의 향상으로 이어졌고, 이는 SSPB 활동만의 순수 금액으로는 추산하기 어렵지만, 짧은 적용 기간이었는데도 30건의 성공 사례를 통해 유치 자산(유치 예정 금액 포함)은 약 182억 원의 영업 성과로 나타났다.

확산 단계

파일럿 실시를 통한 보완점 개선으로 이후 파일럿 적용의 효과 파악 및 향후 PB의 전체적인 변화를 위한 로드맵에 따라, 2007년 1월부터 선 고객 유치, 후 영업 성과 극대화를 위한 지점과 개인 프로젝트가 진행되었다.

이후 2008년부터는 신입 PB에 대한 교육용으로 활용되고 있다.

3. 프로젝트의 핵심 성공 요인

언제 어디서든지 기업의 성공적인 변화와 혁신을 이야기할 때 가장 중요하고 필요한 요소는 경영진의 강력한 리더십과 확신, 그리고 새로운 도약을 위한 변화의 필요성과 목표에 대한 전사적인 공유와 공감일 것이다.

너무나 당연하게 느껴지는 이런 요소들과 더불어 정말 중요한 성공 요소는 현장에서 스스로 기존의 오래된 습관을 고치고 새로움을 수용하면서 변화의 성과를 오랫동안 유지하게 하는 노력이 아닐까 한다.

PB 영업 역량 강화를 위해 추진했던 S증권의 SSPB에서는 과연 어떤 요소들이 영업 현장에서 PB들에게 새로운 프로그램을 수용하고 실행할 수 있게 했는지, SSPB를 어떻게 현장에 뿌리를 내리게 했는지 아는 것도 도움이 될 것이다.

S증권의 SSPB 프로젝트 성공 요인을 정리하면 다음과 같다.

첫째, 현실적이고 자연스런 가이드라인으로 PB 영업 방식의 변화를 제시했다.

막연했던 기존의 영업 방식에서 벗어나 구체화된 '해야 할 일'을 최소한의 가이드로 제시함으로써 스스로 점검하게 하고, 이를 영업 현장에 즉시 적용할 수 있도록 했다. 그리고 이를 통해 PB 스스로 영업 방식을 바꾸게 하고, 그것을 통해서 영업 실행력을 향상시킬 수 있었다. 이를테면 고객 특성별 대응 프로세스에서 금융소득과세 대상자인 특정 고객에게 계속 ELS를 권했는데, 이번 관리 항목에 체크하는 것에 따라서 전과는 다르게 대응했다.

둘째, 스스로 영업 방식의 비교 및 차이점을 발견하게 하고 변화하게 했다.

PB 개인이 지금까지 일해 왔던 내용 중에서 자신의 부족한 점을 찾아내고 최고 사례의 행동양식을 적용해서 그 내용을 개선하도록 했다. 더욱이 개인의 자율성을 지향했고, 그러한 자발적인 수행을 통해 원래 의도했던 자신의 영업 방식의 변화를 이끌 수 있었다.

셋째, 현실적으로 필요한 것을 쉽고 간편하게 적용하도록 했다.

PB 본인이 취약한 영업 포인트를 중심으로 하나씩만이라도 개선시킬 수 있도록 했고, SSPB 과정에서 진단과 실행을 단순하고 쉽게 적용할 수 있도록 안내했다.

이러한 작은 변화를 통해 실질적이고 직접적인 성공 체험을 바로 이끌어낼 수 있었으며, 그 결과 많은 사람들의 동감과 전체적인 진전을 이룰 수 있었다.

4. 시사점

S증권은 2009년 올해도 그동안 추진해 왔던 '4대 전략 과제'를 지속적이고 구체적으로 실천함으로써 고객의 신뢰를 회복하고 글로벌 Top 10으로 도약하는 기반을 마련하는 데 중점을 둘 것이다.

S증권의 4대 전략과제 중 '고객 중심 경영' 실천에서 S증권만의 차별화된 서비스를 구체화시키고, 철저한 프로세스 중심의 영업을 하여 고객 확보 전략으로서 역할을 훌륭히 수행했다. 이러한 차별화된 영업 역량은 시장에서 S증권을 차별화시켰을 뿐 아니라, 향후 시장 상황이 호전되었을 때 도약할 수 있는 기초를 다졌다는 점에서 큰 의미가 있다고 생각한다.

S증권은 지금도 시장에서 차별화된 영업 경쟁력으로 '프로세스'와 '고객' 중심의 진정한 자산관리 영업 모델을 발전시켜 가고 있으며, SSPB의 연장선상에서 PB의 전문성 강화를 위한 고민도 늦추지 않고 있다.

N은행

N은행은 국내 유일의 민족은행으로, 확고한 지역적 영업 기반과 안정적인 자금 구조로 지금까지 원활한 영업을 해왔다. 하지만 금융 시장의 변화와 더불어 경쟁 금융 기관의 적극적인 영업과 내부적인 영업 역량 강화에 대한 강력한 요구에 부딪혀 새롭게 변해야 하는 상황이었다. PwC 컨설팅의 SEP 팀은 N은행의 영업 역량 강화를 지원하기 위해 2007년 11월부터 2008년 5월까지 프로젝트를 진행했다. 이 프로젝트를 중심으로 N은행의 영업 역량 강화에 대한 배경, 진행 경과, 핵심 성공 요인, 시사점이 무엇인지 알아보자.

1. 외부적 배경

금융 환경의 급격한 변화

2007년 11월, 연초 대비 은행권 평균 시가총액 증감률은 -6퍼센

트인데 반해, M에셋과 S증권의 시가총액은 중견은행인 I은행 시가
총액을 능가했다.

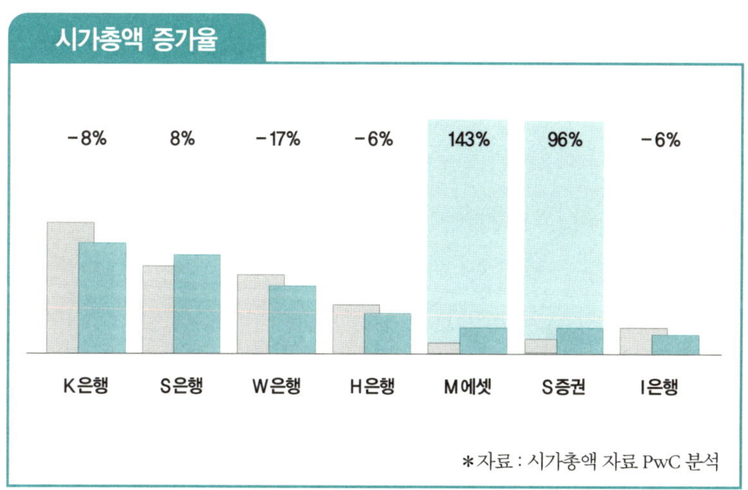

이를 통해 2008년에는 금융 시장이 대규모 지각 변동이 일어나
요동칠 것으로 모두들 예측했다. 금융 시장은 IMF 이후 10년 동안
급격한 변화를 겪어왔다.

그런데 그러한 금융 시장이 앞으로 10년 동안에도 장벽 없는 무
한 경쟁에 돌입해 금융권의 벽이 무너지고 은행과 증권회사라는
새로운 경쟁구도가 굳혀질 것으로 예상되었다.

급속한 자금 이동의 현실화

한국은행 발표 자료에 따르면, 2000년 말만 해도 82.6퍼센트에
다다랐던 저축성 예금 비율이 급속히 감소해 2004년 말 72.1퍼센
트, 2007년 60.1퍼센트에서 2008년에는 50퍼센트 대로 감소할 것으

로 예상되는 시점에서, 고객의 이탈을 방지하고 수익을 보완하기 위한 방안이 필요한 시점이었다. 2007년 들어서 은행별로 수익을 다양화하기 위해 주식형 펀드 상품 판매에 적극적인 모습을 보였으나, N은행은 아직 다른 은행과 증권사에 비해서 열악한 상황이었다.

고객 요구 사항의 다양성 및 복잡성 증대

금융 회사는 안정성과 수익성을 동시에 요구하는 고객의 니즈에 부합하기 위해 고객 맞춤형 상품과 영업 역량에 총력을 기울이고 있는 시점이었다. 고객은 복잡한 상품과 어려운 용어 때문에 펀드 등의 상품 선택에 어려움을 겪고 있었고, 한편으로는 자신만을 위한 맞춤형 재테크 상담에 대한 니즈가 크게 확대되고 있었다.

경쟁 은행의 영업 활동 강화

당시 국내 대표 은행인 국민, 신한, 하나, 부산은행 등에서 영업 역량 강화 교육SSP를 적극 추진하고 있었으며, 특히 국민은행은 수신, 여신, 외국환, 투신, 방카슈랑스 등 상품별로 세분화되어 있던 상품 부서를 개편하여 마케팅 그룹 상품본부에서 총괄 통합함으로써 적극적인 영업 역량을 강화하고 있었다. 이런 시점에 N은행은 영업력 강화를 통한 경쟁력 확보가 매우 절실했다.

2. 내부적 배경

고객 중심의 시스템 구축

CRM 및 WM 시스템 구축으로 고객의 정보 및 고객 유형에 따른 자산 관리 시스템의 구축과 업그레이드를 실시했다. 이를 통해 고객 중심 영업을 위한 준비는 완료된 상태였으며, 이를 활용한 직원들의 영업 역량 강화가 필요했다.

영업점 BPR 실행으로 업무 효율성 증대

업무 재설계Business Process Reengineering, BPR 실시에 따른 후선 업무 집중화는 고객관리 및 영업에 더욱 집중할 수 있는 시간과 환경을 제공해 주었다. 어느 임원의 말처럼 "BPR을 통해서 고속도로를 만들어 놓았는데, N은행 직원은 벤츠 타고 다니는 사람부터 경운기 타고 다니는 사람까지 폭이 매우 넓다. 따라서 모두 다 소나타 이상 정도를 타도 다니는 직원을 만들어 주는 것"이 필요했다.

원스톱 뱅킹 체제 구축

본부의 고객 중심 사업부제 도입, 영업점의 고객별 팀제 도입 등으로 고객 중심의 원스톱 뱅킹(One stop Banking, 하나의 금융 기관에서 은행, 보험, 증권 등 모든 서비스를 한꺼번에 받을 수 있는 제도) 체제로 조직 체계를 변화시킨 시점이었다. 때문에 기존의 집합식 교육을 통한 일회성 이론 중심의 교육이 아닌, 현장 중심의 전사적 영업 역량 강화 프로그램이 필요했다.

3. 프로젝트의 진행 경과

임직원에 대한 설문 및 현장 인터뷰를 통한 조사 결과, 다음과 같은 요구 사항을 파악할 수 있었다.

• 직원들이 자발적으로 참여할 수 있는 프로그램을 통한 교육 성과 극대화 : 직원들의 자발성이 바탕이 된, 성과를 창출하는 프로그램은 N은행의 현장에 대한 이해를 토대로 한 콘텐츠 및 프로그램 개발에 대한 요구였다.

• BPR 이후 성과 현실화 : BPR 이후 은행 후선 업무 감소 때문에 상대적으로 고객 응대에 대한 집중이 가능한 시점에서 업무성과가 바로 나올 수 있는 프로그램을 만들어 달라는 요구였다.

• 영업점 간 역량 차이를 고려한 설계 필요 : 현재 고성과 지점(직원)과 저성과 지점(직원) 사이의 역량 편차가 심한 시점에서 이를 극복하기 위한 프로그램 설계가 필요했다. 이는 역량을 상향 표준화시킬 수 있는 프로세스 표준화 및 현장 중심의 영업 역량 강화 프로그램에 대한 요구였다.

콘텐츠 개발

설문 및 인터뷰를 통한 니즈 파악을 통해 직원 변화를 위한 동고동락, 내점 고객을 대상으로 한 인바운드Inbound 영업, 방문 섭외 영업 중심의 아웃바운드Outbound 영업 및 영업에 필요한 영업 기본 기술을 N은행에 맞게 개발했다.

• 동고동락 : 처음에는 현장 변화 관리 프로그램으로 설계하였으나, 영업점에서는 변화 관리라는 말이 너무 많이 들어 이미 식상한 상태였다. 이를 극복하기 위해 고객과 함께하고, 고객과 즐거워하며, 팀원들도 모두 다 함께 할 수 있는 프로그램으로 설계했다. 이에 따라 직원 본인의 비전도 설정하고, 새로운 나를 만들어가는 TMSP의 촉매제 역할을 하는 동고동락 프로그램을 설계하게 되었다.

• 인바운드 영업 : N은행 특징상 수많은 고객이 내점하는 경우가 많아서, 이 순간에 어떻게 고객 감동 포인트 위주로 고객 니즈를 정확히 발견해 알맞은 상품을 선택하고 권유하느냐가 중요했다. 이를 통해 직원들은 단순한 계산원Casher이 아닌 은행가Banker로서 변화될 수 있게 되는 것이다.

• 아웃바운드 영업 : 섭외 영업 중심의 아웃바운드 영업에 대해 N은행 직원들은 고객 발굴 등을 위한 아웃바운드를 실시한 경험이 거의 없었다. 따라서 기존의 수동적인 영업이 아니라, DM이나 선물, 제안서 등을 통해 고객 감동 포인트를 발견하고 적극적으로 직접 고객을 찾아갈 수 있는 프로그램을 설계했다. 이는 또한 막무가내로 고객에게 접근하는 방식이 아닌 고객 중심의 과학적인 접근 방법을 기반으로 설계되었다.

• 영업 기본 기술 : 영업을 위해 필요한 기본 기술 역량을 키우기 위한 프로그램으로 설계되었다. 고객의 특성을 인식하고 이에 따라 대응하는 방법, N은행 직원의 기본 매너, 명품에 대한 이해 등으로 구성되어 있어 직원들이 기본적인 소양을 가질 수 있도록 했다.

• 촉진 프로그램 : 우리나라만의 문화적 특수성인 '흥'을 돋우기 위한 프로그램으로 TMSP 아카데미 시상식(참여 직원에 대한 재미있는 설문 조사를 하고 시상하는 프로그램), 다양한 SPOT(분위기를 전환하거나 돋우기 위한 댄스, 동영상 등)을 개발했다.

SM 양성

경영진의 전폭적인 지지를 통해 40명의 SM을 양성하게 되었다. 1차 40명, 2차 70명으로 총 110명의 SM을 총 8주간의 혹독한 훈련을 통해 양성하는 과정을 진행했다. 이를 통해 SM은 사명감, 영업 기술, 강의력 등으로 강력하게 무장할 수 있었다.

SM 양성 과정 동안 참가자들의 다양한 의견을 반영해 콘텐츠 및 운영 프로그램을 지속적으로 수정 보완하는 작업을 실시했다.

현장 파일럿

1차 SM 양성 후, 현장에 대한 TMSP 파일럿이 진행되었다. SM들은 이 파일럿을 진행하고 난 뒤에 자신감을 회복했다. 한 지점장은 "지금까지 받아본 그 어떤 교육보다 최고의 교육이었으며, N은행을 그만두고라도 두고두고 잊지 못할 교육이었다"라고 극찬했다.

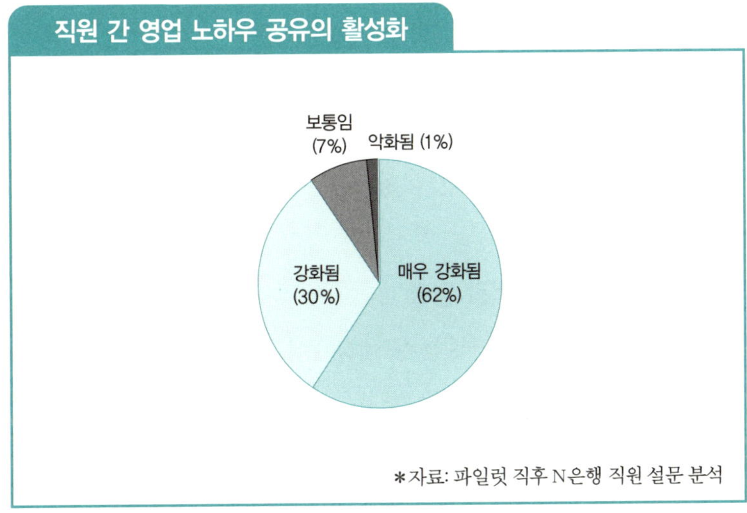

TMSP 이후 직원 간 영업 노하우 공유 활성화 정도에 대한 설문 결과, 92퍼센트의 직원이 강화되었다고 답변했다.

파일럿 이후 정량적 성과를 분석해 본 결과, 공제 신규고객 성장률 측면에서 미실시 지점에 비해 TMSP 실시 지점이 59.2퍼센트 더 성장했으며, 신용카드 신규 고객 성장률 역시 6.9퍼센트 더 성장한 것을 알 수 있었다.

이후 확산 및 현황

2009년까지 110명의 SM을 통해 TMSP 전 지점에 조기에 확산할 예정이며, 이를 통해 전 직원 및 영업 지점의 역량을 상향 표준화시킬 예정이다. 이 후 향상된 영업 역량을 지속적으로 유지 및 강화 시킬 수 있는 다양한 사후관리 프로그램을 개발 중이다.

4. 프로젝트의 핵심 성공 요인

N은행 SEP 프로그램인 TMSP가 성공하게 된 요인을 살펴보면 다음과 같은 세 가지로 요약할 수 있다.

사람 중심의 영업 역량 강화

임직원의 설문 및 인터뷰를 통해 N은행 문화에 맞는 끈끈한 사람의 변화에 초점을 맞춰 프로그램을 개발한 것이 주효했다. 현장의 흥을 돋우고 각 직원 사이의 커뮤니케이션을 활성화할 수 있도록 구성한 것이 현장의 참여를 높였으며, 이것이 성과로 이어지게 되었다.

경영진의 전폭적인 지지

신용 대표를 중심으로 한 경영진의 적극적인 지지를 받았다. SM으로서 자긍심을 가질 만한 110명의 SM들을 뽑아 양성할 수 있도록 과감한 결단을 내렸으며, 양성 과정 중에도 적극적인 지지와 후원을 아끼지 않았다.

파일럿 기간 중에도 경영진이 적극적으로 각 영업 지점을 방문하고 SM 및 TMSP 참여 직원들을 격려함으로써 SM 및 직원의 사기를 극대화시키려 노력했다.

마케팅 혁신 팀의 헌신적 노력

마케팅 혁신 팀장을 중심으로 팀 전체가 프로그램 개발부터 진행까지 PwC와 적극적으로 협업하면서 헌신했던 것이 주효했다. 현장의 니즈를 정확히 전달했을 뿐 아니라, 각 부서장 및 임원에 대한 끊임없는 커뮤니케이션을 통해 TMSP를 적극 홍보하고 원활히 지원받을 수 있도록 노력했다. 마케팅 혁신 팀원 중 일부는 SM 양성 과정에 직접 참여해 SM으로 훈련을 받고 TMSP에 대한 체화를 통해 적극적으로 지원할 수 있도록 했다.

5. 시사점

SEP 프로그램은 기업의 문화적 특성과 현장의 특성을 잘 반영하지 못하면 성공할 수 없다. 때문에 N은행을 둘러싼 내·외부 환경에 대한 이해와 임직원 설문 및 인터뷰를 통해 니즈를 정확히 파악하고 이에 맞는 프로그램을 개발했다.

기업에 맞는 프로그램과 더불어, 이를 실행하기 위해 경영충, 현장에서 TMSP를 진행하는 SM, 영업지점의 직원 모두가 혼연일체가 되어야만 성과를 거둘 수 있음을 N은행의 사례를 통해 알 수 있다. SEP 프로그램은 기업의 핵심이 되는 직원의 변화를 통해 성과를 창출하는 변화와 혁신 프로그램으로 그 파급 효과가 매우 크기 때문이다.

N상호금융

지역N상호금융(이하 N상호금융)은 100년이 넘는 역사를 지닌 조합으로, 각 지역에서 조합원을 중심으로 지역 밀착형 영업을 해왔다. 하지만 이제는 급변하는 환경 속에서 강력한 변화의 바람을 맞고 있다.

PwC 컨설팅의 SEP 팀은 N상호금융의 영업 부문에서 변화의 방향을 세우고 실행을 지원하는 컨설팅을 2009년 3월부터 진행해 오는 중이다. 그동안의 컨설팅 과정과 N상호금융의 변화를 간략히 소개해 보면 다음과 같다.

1. 배경

N상호금융은 1,100개가 넘는 조합과 5,000개가 넘는 영업점으로 이루어진 거대한 조직이다. 영업망 규모에서 보면, 국내 최대 은행

인 K은행의 1,100여 개 지점을 능가하는 수치이다. 이처럼 거대한 조직에서 영업 혁신의 필요성을 느끼게 된 까닭은 무엇일까? 4가지 측면에서 원인을 짚어볼 수 있다.

금융 지주사 독립에 따른 영업 역량 강화 필요성의 증가

최근 정부에서 추진하려는 농협의 신용, 경제 사업 분리 정책으로, N상호금융은 금융지주회사 설립을 준비하고 있다. 그런데 금융 지주회사로 독립적인 경쟁력을 갖기 위해서는 영업 역량 강화가 필수적이다. 기존의 농협중앙회와는 차별화되는 지역 기반의 영업 역량 강화가 필요한 때인 것이다.

금융 위기의 여파로 연체율이 증가하고 순이자 마진(NIM)이 축소되어 수익성이 악화되고 있다. 그동안 조합이라는 특수한 관계를 통해 안정적인 수익성을 확보하는 데 어려움이 적었던 N상호금융으로서는 이번 금융 위기가 현실의 변화를 인식하는 계기로 작용한 것이다.

조합 간의 영업 역량 차이 극복 필요

조합 및 지점 사이의 영업 성과 차이가 크고 이에 대한 극복이 필요한 입장이다. 대형 조합의 경우에는 수십 개의 지점이 속해 있고 연간 100억 원 이상의 순이익을 거두고 있는 반면, 어떤 조합은 빠듯한 재정 상태를 가진 곳도 있는 것이 현실이다. 공제왕이 있는 조합과 일반 조합은 공제 성과에서 100배까지 차이가 나기도 한다.

이런 조합 간, 그리고 지점 간 편차를 극복하고 N상호금융의 상향 평준화를 이루고자 하는 움직임이 TMSPTotal Marketing Stimulation

Program(SEP 프로그램의 N상호금융 내 명칭)를 통한 영업 역량 강화의
필요성을 증대시켰다고 하겠다.

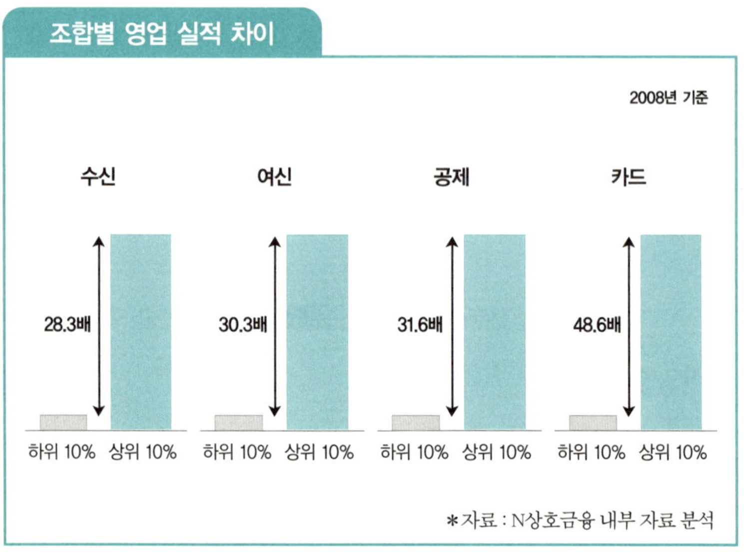

향후 예상되는 펀드 판매 등에 대한 준비

기존 예적금, 공제(보험), 카드 중심의 영업 형태에 추가로 펀드
판매가 이루어질 것으로 예상됨에 따라, N상호금융의 각 조합 및
직원들은 불안감과 동시에 기대감을 품고서 새로운 기회를 맞이할
준비를 해왔다. 2만 명 이상의 직원이 수익증권 판매에 대비해 '간
접 투자 상품 판매 자격' 취득하고자 애쓴 것은 그 일환이었다.

하지만 실제로 수익증권을 판매해 본 경험과 노하우는 전무한 것
이 현실이었다. 이런 상황은 고객 중심 영업 마인드 강화와 더불어
표준 영업 프로세스의 정립 및 현장 실행력 강화에 대한 니즈를 불

러일으켰다.

그런데 N중앙회에서는 이미 1년 전부터 TMSP를 실시해서 그 효
과가 입증된 터였다. 다만 N상호금융이 조합원을 중심으로 하는
지역 밀착형 영업을 해온데다, 중앙회와 조직, 운영 구조 측면에서
N중앙회와 상이한 점이 많은 까닭에 새로운 TMSP의 개발과 실행
이 필요했던 것이다.

2. 프로젝트의 진행 경과

프로그램 개발

2009년 3월부터 PwC SEP 팀이 N상호금융을 위한 TMSP 프로젝
트를 시작했다. N중앙회와 비교해 N상호금융은 조합의 개별법인
독립체로 운영되고 있다는 측면에서 차이가 났다. 또한 조합원 중심
의 지역 밀착형 영업 형태의 강점을 살리면서 새로운 신규 고객을
개척할 수 있도록 해야 N상호금융에 맞는 TMSP가 될 수 있기 때문
에 새로운 전략이 필요했다.

이를 위해 다양한 조합과 지점, 그리고 다양한 계층의 직원에 대
한 인터뷰와 설문 조사를 실시했다. 이를 통해 N상호금융의 특성을
반영한 프로그램을 만들기 시작했다.

• 조합 특성에 맞는 프로그램 개발 : 인터뷰와 설문 조사 결과, N
상호금융은 상호금융의 특성상 조합 사이의 편차가 너무 커서 이를
수용할 수 있는 다양한 레벨의 콘텐츠가 필요하다는 것이 밝혀졌다.

이런 결과를 토대로 도시 조합에 맞는 도시형, 농촌에 맞는 농촌형, 소도시에 맞는 중소도시형과 같이 다양한 콘텐츠를 개발해 냈다. 이를 통해 각 조합의 특성을 반영한 교육이 될 수 있도록 했다.

• 내부 우수 영업 사원의 노하우 반영 : 내부 우수 영업 사원들의 영업 노하우를 꼭 반영해 달라는 요청에 따라, 콘텐츠 개발 과정에서 내부 우수 영업 사원들을 심층 인터뷰하고 최고의 영업 사례를 뽑아내 반영했다. 각 공제, 카드, 여신 등에서 최고 역량을 갖춘 직원들의 노하우를 교육 콘텐츠와 더불어 'TMSP Planner'라는 자가 진단 항목으로 녹여냈다.

• 고객 중심의 영업 마인드 강화 : 고객 중심 영업 마인드 향상에 대한 강한 니즈가 있었다. 영업 마인드는 곧 고객 감동과 연결된다고 할 수 있다. 이는 곧 세일즈의 기본 원칙에 충실하겠다는 의미이다. 이를 위해 TMSP 콘텐츠 가운데 변화관리 모듈에서 영업 마인드 부분을 강화했다.

• 자가 진단을 위한 TMSP Planner 개발 : 최소한의 실행을 위한 표준 체크리스트를 활용할 수 있는 시스템으로, TMSP Planner를 개발했다. 이는 인바운드inbound, 아웃바운드outbound 영업의 각 단계에서 가장 중요한 요소를 체크리스트로 만들고, 이를 시스템으로 구현한 것이다. 이를 통해 TMSP를 실시하는 조합과 직원은 자신의 현재 영업에 대한 정확한 상태 진단과 개선에 대한 아이디어를 개발할 수 있게 된다.

• 현장 중심의 운영 계획 수립 : 상호금융은 조합의 특성에 따라 TMSP 운영방식에 차이가 날 수 있다. 따라서 현장에서 이 프로그램에 대해 필요성을 느끼고, 실행이 용이할 수 있도록 조합의 특성을 고려한 현장 운영 계획을 수립해야 했다. 예를 들면, TMSP 우수 조합에 대한 농협 회장의 포상 및 각 조합에서 자체적으로 우수 직원을 포상할 수 있도록 했다.

• N상호금융 특성에 맞는 홍보 방안 수립 : 아무리 좋은 프로그램일지라도 각 조합이 개별적으로 운영되는 현실적 여건상, 제대로 된 홍보가 없으면 프로그램을 알릴 수가 없게 된다. 이를 위해 각 조합 중 파급 효과가 큰 조합을 중심으로 방문 설명 등을 펼쳐 충분히 이해하고 참여할 수 있도록, 홍보 계획을 수립하고 실시했다.

• 영업 담당 매니저의 성공적인 양성 계획 수립 : 직접적인 컨트롤을 하기 어려운 N상호금융의 특성을 반영해, 개별 영업 담당 매니저Sales Manager, SM들의 역량이 더욱 강화되어 조합별로 독립적인 TMSP 운영이 가능하도록 계획을 수립했다.

맞춤화된 콘텐츠 개발

• 고객 중심 영업 마인드 콘텐츠 강화 : 변화 관리 모듈인 '동고동락'에서는 열정 마인드, 감성 마인드라는 과정을 깊이 있게 개발했다. 고객 감동을 위한 열정, 그리고 고객과 맺는 감성 교류의 중요성 강조 및 사례 소개를 통해 직원들의 고객 중심 마인드 변화를 유도하는 프로그램이다.

• 조합의 다양성을 반영한 콘텐츠 : N상호금융의 다양성에 맞게 콘텐츠를 도시형과 농촌형으로 분리해서 개발했다. 농촌형의 경우, 5일짜리 프로그램을 통해 가장 핵심적인 내용을 빠르고 쉽게 익힐 수 있도록 콘텐츠를 개발했다.

• 아웃바운드 콘텐츠에 대한 심도 있는 개발 : 세일즈 과정 중 아웃바운드에 대한 보다 심도 깊은 개발을 했다. 특히 농촌형의 경우, 해당 지역 고객이 한정된 탓에 도시로 나가 영업을 하는 경우가 많으므로 방문 섭외 영업을 중심으로 하는 아웃바운드에 대한 콘텐츠가 중요하다.

• 경청, 말하기 등 영업의 기본 역량 강화 : 세일즈 기법 부분에서는 기초적인 영업술이면서도 잘 되지 않는 말하기, 대화법, 대화 소재 등에 대한 내용을 강화했다. 이를 통해 실제 영업에서 자연스럽게 상담할 수 있는 역량을 키울 수 있다.

• 코칭 스킬 강화 : SM을 위한 지도 기법에 대한 내용이 개발됐다. SM은 교육을 진행할 뿐 아니라 직원들을 지도해야 하기 때문에 코칭 이론과 실습 콘텐츠의 개발이 필요했다.

SM 양성

리더십, 강의 능력, 콘텐츠 이해, 상품에 대한 이해를 높이기 위해 6주간 합숙을 통해 집중 트레이닝을 실시했다. 2주차까지는 프로그램에 대한 이해를 목적으로 PwC 컨설턴트의 강의와 프로그램 소개를 실시했으며, 이후는 SM의 강의 연습을 중심으로 프로그램에 대한 심화 및 체화 과정을 진행했다.

프로그램 초기에 "제가 정말 6주 만에 변할 수 있을까요?"라고 의심했던 SM도 교육 과정이 진행될수록 점점 자신감이 늘어나, 6주 후에는 "정말 SM이 되길 잘했다"면서 감사의 뜻을 전했다. 그리고 SM 양성 과정에 사람을 보내고 참관하러 오신 한 조합장님도 "설마 이렇게까지 변할 줄 몰랐는데 정말 놀랐다. 정말 프로 같다"라는 말을 할 정도로 양성 과정의 변화 효과는 뚜렷했다.

SM들은 강의와 시험 준비로 매일 새벽까지 공부하면서 자신을 변화의 리더로 바꾸려 애썼다. 이런 과정에서 받은 스트레스로 모두가 적잖은 분노와 좌절을 느꼈으나, 이를 무사히 극복하고 변화를 이루었다. 이런 과정들은 TMSP에 대한 이해와 확신을 SM들에게 심어 주었다.

반신반의하던 이들도 6주가 지난 후에는 TMSP를 자신이 일하는 현장에 가장 적합한 프로그램으로 인정했을 뿐 아니라 열렬한 지지자가 되었다.

6주간의 교육 과정이 끝나고 최종 수료식이 있던 날, 많은 조합장과 상임이사님들이 참석했다. 최종 수료식에서 SM들은 6주간의 변화의 과정이 얼마나 치열하고 감동적이었는지 저마다 눈가에 그렁그렁 맺힌 눈물로 웅변해 주었다.

6주간의 다양하고 혹독한 훈련을 통해 SM들은 현장에 나갈 준비를 마쳤다. 이후 10주간에 걸쳐 각 조합별로 TMSP가 시작되었다. 각 조합 특성에 따라 일단 70% 정도의 조합이 프로그램을 진행했다.

TMSP를 시작하기 전, SM들은 많이 긴장하고 걱정했다고 한다. 하지만 막상 해보니 현장의 반응은 뜨거웠다. 직원들이 "왜 TMSP를 이제 해주느냐?"면서 오히려 더 빨리 해주지 않은 것을 아쉬워할 정도였다.

4만 명의 N상호금융 직원이 수시로 방문하는 N상호금융 칭찬카페에는 연일 TMSP와 SM에 대한 칭찬 릴레이가 이어졌다. 어느 지점에서는 직원이 자필로 쓴 '고객 감동 DM'을 받은 고객이 찾아와 1억 원 공제와 10억 원 예금을 맡긴 사례도 있었다.

"TMSP에서 배운 내용대로 고객에게 맞춤칭찬을 했더니 고객님이 너무 좋아해요", "이렇게 맞춤 상품을 FABE 식으로 설명을 드렸더니 고객님이 너무 이해하기 쉽대요" 등등, 작은 것일지라도 배운 대로 실천해서 얻은 성공 체험들을 통해 직원들은 영업에 대한 확신감과 열정을 높여가고 있다.

N상호금융은 이제 TMSP를 본격적으로 시작하는 시점에 있다. 올해 40명의 SM을 양성하고, 내년에는 4차에 걸쳐 160명의 SM을 양성하려고 한다. 그리고 2011년까지는 300명의 SM을 양성해 전 지점에 TMSP를 실시한다는 계획이다. 이를 통해 더 많은 지역의 조합과 직원들이 변화될 것으로 보인다.

3. 프로젝트의 핵심 성공 요인

성공적인 SEP 프로그램 실행에는 다음처럼 세 가지 요인을 생각해 볼 수 있다.

현장에 맞는 맞춤형 프로그램 개발을 실시

맞춤형 교육 콘텐츠와 더불어 현장 실행을 위한 실행 계획, 홍보 계획 모두 해당 기업의 문화와 특성을 고려해 맞춤화해야 한다. 맞춤형 프로그램을 개발하기 위해서는 해당 기업의 당면 과제에 대한 이해와 더불어, 기업의 조직적·문화적 특징을 잘 이해하고 반영할 필요가 있다.

N상호금융처럼 각 조합의 특성에 따라 TMSP 운영이 달라지는 조직 구조에서는 조합별 특성에 맞는 프로그램 개발과 함께 현장 중심의 운영 방안이 필요했다. 또한 조직 특성상 현장 진행시에 개인적인 역량 강화 외에도 전체 직원이 하나가 되어 마치 축제를 진행하는 것과 같은 분위기를 조성했던 점도 주효했던 것 같다.

훌륭한 SM을 양성

기본적으로 영업 역량과 리더십을 갖춘 SM을 선발해야 한다. 하지만 더 중요한 것은 힘든 트레이닝 과정을 거쳐서 TMSP를 제대로 수행할 수 있을 정도로 변화해야 한다는 사실이다. SEP에 맞는 영업 지식, 리더십, 코칭 능력 등을 기르는 일은 TMSP 성공을 위한 가장 중요한 요소 중 하나이다.

6주간의 양성 기간 동안, SM들은 PwC 컨설턴트와 혼연일체로 진행한 고된 훈련을 통해 변화를 체험했다. 이는 TMSP 진행 시 현장에서 자신감 있게 직원들을 이끌 수 있는 원동력이 되었다.

지속적인 코칭을 통해 사람의 변화를 유도

TMSP는 교육만 하는 것이 아니다. SM는 직원 개개인에 대한 인생, 영업 및 업무에 대한 지도를 통해 근원적인 자기 비전을 수립하고, 스스로 동기유발을 할 수 있도록 도와주어야 한다.

N상호금융의 SM은 라이프 코칭과 함께 TMSP에서 가르친 내용의 실행을 유도하고, 코칭을 통해 피드백을 해주는 역할을 잘 수행하고 있다. 직원이 직접 행동하고 피드백을 받아야만 그 내용이 정말 제 것이 되고, 이를 통해 변화를 체감할 수 있다는 것을 알기 때문이다.

4. 시사점

N상호금융은 새로운 변화의 시대를 맞이하고 있다. 100여 년이 넘는 역사를 차고 올라 바야흐로 하늘 높이 날아오르기 위한 첫 도약을 시작했다고 할 수 있다.

조합 안팎의 환경 변화는 N상호금융에 변신을 요구했고, 이에 부응하기 위해 시작된 것이 바로 TMSP였다. 프로그램 준비에 이은 SM 양성 이후 현장에서 일어난 뜨거운 반응은 SEP 팀이 추구하는 현장 중심 영업 혁신의 좋은 예라 할 수 있다.

그동안 기업들에서 시도한 혁신은 소수의 엘리트와 컨설턴트에 의해 기획되고 실행된 것이었기에 적잖은 실패를 맛보았다. 하지만 TMSP와 같은 SEP 프로그램은 처음부터 끝까지 현장의 소리를 듣고 현장이 움직이도록 한다는 점에서 차이가 있다. 아무리 좋은 프로그램일지라도 현장 실행력이 없다면 아무 의미가 없는 것이다.

〈뉴욕타임스〉의 CEO인 재닛 로빈슨은 세상에서 제일 먼 거리가

‘머리에서 손’이라고 했다. 즉 아는 것을 실행하는 일이 그만큼 어렵다는 의미이다. TMSP와 같은 직원 변화 프로그램은 반드시 고려해야 할 부분이다. 강요한다고 해서 직원들이 변화되지는 않는다. 고객을 감동시키듯 직원을 감동시키고, 자발적으로 행동으로 옮길 수 있는 기회를 만들어 줘야 한다.

N상호금융은 5,000여 개의 영업점을 가진 거대한 조직이다. 이 거대한 조직이 하나의 목표를 향해 움직이기 시작했다. 향후 조합 안팎의 환경변화에 더욱 강하게 적응하면서 지역사회에 크게 기여하는 N상호금융을 기대해 본다.

지은이 **압 아이겐휴이스** Ap Eigenhuis, **롭 반 디크** Rob Van Dijk

유니레버Unilever에서 부회장을 역임한 압 아이겐휴이스와 헤이 그룹Hay Group에서 컨설턴트로, 경영자 대우를 받았던 롭 반 디크가 손을 잡고 HR 분야에 획기적인 책을 집필했다. 이들은 30년이 넘는 세월동안 대기업과 글로벌 기업에서 일하면서 쌓은 경험과 노하우를 이 책에 아낌없이 담았다.

인재 경영의 원칙

1판 1쇄 인쇄 2009년 10월 25일
1판 1쇄 발행 2009년 10월 30일

지은이 압 아이겐휴이스, 롭 반 디크
옮긴이 이준승, 김정민
발행인 고영수
발행처 청림출판
등록 제406-2006-00060호
주소 135-816 서울시 강남구 논현동 63번지
          413-756 경기도 파주시 교하읍 문발리 파주출판도시 518-6 청림아트스페이스
전화 02)546-4341 **팩스** 02)546-8053

www.chungrim.com
cr1@chungrim.com

ISBN 978-89-352-0799-2 03320

가격은 뒤표지에 있습니다.
잘못된 책은 교환해 드립니다.